清春出版社

JN215330

渡辺尚之

政治・経済・ビジネス・文化
4つのテーマで読み解く
日本史の顛末

青春文庫

自分の興味にあわせて、
日本史のポイントがサクサクわかる──はじめに

　日本列島に人々が住み着くようになってから、21世紀にいたるまでの歴史の流れを整理しようというとき、一番オーソドックスなのは、古代から現代までをひとつの流れで追う方法です。いってみれば教科書のスタイルですね。
　しかし、それでは、各時代で扱う項目が詳細すぎて、おおまかに知りたいというようなときは、かえって頭が整理しにくいということにもなりかねません。
　そこで、本書では、日本の歴史に、「政治」「経済」「外交」「文化」という4つの〝仕切り〟を作って解説しました。こうすることで、よりくっきりと歴史の流れが見えるようになるはずですし、自分の関心に沿って歴史理解を進めることができるでしょう。具体的には、

政治……権力の興亡、政権の移り変わりを中心に、時代の変化をたどります。
経済……ヤマト政権の経済基盤から、バブル経済の崩壊までの流れを追います。
外交……中国、朝鮮半島、アメリカなど他国との関係を軸にした日本の歴史です。
文化……飛鳥、白鳳、国風、鎌倉、室町、元禄など日本文化の変遷を読み解きます。

「政治」「経済」「外交」「文化」という4つのテーマで古代から現代まで〝4往復〟する歴史講義──ぜひ、日本史の面白さを再発見してみてください。

瀧音能之

4つのテーマで読み直す日本史の顚末＊目次

第1講
「政治」からたどる日本の歴史

1 古代日本の政治 ……………………………………… 12

日本列島に最初に住み着いた人々──旧石器・縄文時代　12

日本列島各地に誕生した「クニ」──弥生時代　16

ヤマト政権の成立が持つ本当の重要性　20

継体朝と欽明朝から見る6世紀の日本　23

聖徳太子の登場は何をもたらしたか　25

大化の改新は古代の〝政治改革〟だった　その1　27

大化の改新は古代の〝政治改革〟だった　その2　29

古代史最大の内乱「壬申の乱」とその後の日本　31

奈良時代前期の「権力」の興亡　35

聖武天皇が目指した「鎮護国家」による政治　37

奈良時代後期の「権力」の興亡　39

平安時代前期の「権力」の興亡　41

藤原北家はなぜ興隆をきわめることができたのか　43

武士の成長と相次ぐ乱がひろげた波紋　46

平氏が栄華を極めた時代　48

2 中世日本の政治 ······ 50

日本最初の武家政権鎌倉幕府の誕生　50
執権政治はいかにして確立したか　52
元寇の襲来から鎌倉幕府の滅亡まで　55
建武の新政と南北朝動乱の時代　58
脆さを孕んでいた室町という時代　61
応仁の乱で幕を開けた激動の世　63

3 近世日本の政治 ······ 68

戦乱の世をかけぬけた織田信長　68
豊臣秀吉は天下統一をいかに成し遂げたか　71
豊臣秀吉はどのような内政政策をとったか　72
関ヶ原の戦いから幕藩体制の確立まで　74
武断政治から文治政治への転換　79
武士の困窮化と徳川吉宗の登場　82
田沼意次の政治から寛政の改革まで　84
大御所時代の混乱から天保の改革まで　87
260年の歴史に幕を下ろした江戸幕府　89

4 近現代の日本の政治 ······ 93

近代日本誕生──明治政府の成立と展開　93
自由民権運動は何を目指したか　94
大日本帝国憲法に基づく新たな国家の仕組み　97
初期の議会の動きと日清戦争　99
桂園時代の終焉をもたらした大正政変　102

政党内閣の時代にいたるまでの経緯 104
ファシズムの道へと突き進んだ日本 106
第2次世界大戦下の日本の政治状況 108
敗戦から日本はいかにして立ち上がったか 110
高度経済成長期から現代までの政治の流れ 114

第2講
「経済」からたどる日本の歴史

1 古代日本の経済 ……………………………………………………… 118
ヤマト政権の経済基盤はどこにあったか 118
改新政府の経済政策の読み方 119
経済から見た律令制度 122
綻びをみせはじめた律令制 125
公地制がくずれ、土地の私有がはじまった 126
地方の混乱と土地制度の変化 128
国家の支配から離れた荘園が持つ意味 130

2 中世日本の経済 ……………………………………………………… 132
鎌倉・室町幕府の経済基盤はどこにあったか 132
中世武士の暮らしと経済 133
新たな産業の進展が社会を変えた 135

3 近世日本の経済 ───── 139

    織田信長と豊臣秀吉の経済政策　139
    江戸時代に発達したさまざまな産業　142
    江戸幕府がつくりあげた金融制度の仕組み　144
    交通機関から読む江戸の経済事情　145

4 近現代の日本の経済 ───── 147

    明治政府はどのような経済政策をとったか　147
    松方財政が果たした役割と産業革命の到来　151
    大戦景気はなぜ冷え込むことになったのか　155
    世界恐慌から戦時経済までの動き　158
    終戦後、奇跡の復活をとげた日本経済　162
    バブル経済はなぜ起き、そしてはじけたか　167

第3講
「外交」からたどる日本の歴史

1 古代日本の外交 ───── 170

    4、5世紀の日本をとりまく状況　170
    朝貢外交から対等外交への変化──推古朝の時代　172
    白村江の戦いをどう読むか　173
    遣唐使が果たした本当の役割　175
    遣唐使廃止後の大陸との交流　178

2 中世日本の外交 ... 181

モンゴル帝国が変えた東アジア世界 181
日明貿易にのぞんだ足利義満の思惑 183
中世日本と諸地域の貿易 185

3 近世日本の外交 ... 187

信長、秀吉は世界をどう見ていたか 187
家康は世界をどう見ていたか 190
200年にもおよぶ鎖国体制の確立 192
開国を迫られた日本がとった道 193

4 近現代の日本の外交 ... 197

明治政府がとった外交方針とは 197
明治日本の針路を決めたふたつの戦争 199
日露戦争後の日本外交はどう変わったか 201
第1次世界大戦が日本に与えた影響 203
山東出兵から満州事変まで 206
太平洋戦争はどうはじまり、どう終結したか 209
戦後日本と世界との関係はどう変化したか 213

第4講
「文化」からたどる日本の歴史

1 古代日本の文化 ──── 218

　縄文・弥生文化とはどのようなものか　218

　古墳時代に入って文化はどう変わったか　221

　日本で最初の仏教文化──飛鳥文化　225

　清新で若々しい天武・持統朝の文化──白鳳文化　228

　国際色豊かな時代の文化──天平文化　231

　密教の要素が強い平安初期の文化──弘仁・貞観文化　235

　遣唐使廃止後に育まれた文化──国風文化・院政期の文化　237

2 中世日本の文化 ──── 242

　鎌倉時代に新仏教が生まれた理由　242

　神道の形成とさまざまな鎌倉文化　244

　鎌倉時代の建築・工芸・美術　246

　室町時代の仏教はどう展開したか　248

　室町時代の建築・工芸・美術　251

　室町時代の文芸・学問　254

3 近世日本の文化 ──── 256

　対極にあるふたつの要素をあわせもつ桃山文化　256

　江戸時代前期に花開いたふたつの文化　257

　町人が主役となった文化──化政文化　259

4 近現代の日本の文化 ……………………………… 262
　明治時代に登場した新しい思想　262
　明治時代の教育は何を目指したか　264
　どのような文学・芸術が生まれたか　265
　大正時代の文化とはどのようなものだったか　267
　現代の文化とはどのようなものか　269

カバー写真■ © tk2001/stock.adobe.com
　本文写真■ 国会図書館
　　　　　　毎日新聞社
　　　　　　島根県観光連盟
　ＤＴＰ■ フジマックオフィス

※本書は『「流れ」がどんどん頭に入る一気読み！日本史』
　（2009年／小社刊）を改題のうえ再編集したものです。

第1講

「政治」からたどる日本の歴史

1　古代日本の政治

・・・・・・・・・・・・・・・・・・・・・・・・・・・・・・・・・・
日本列島に最初に住み着いた人々——旧石器・縄文時代
・・・・・・・・・・・・・・・・・・・・・・・・・・・・・・・・・・

■人類のルーツをさかのぼる

　この地上に人類が姿を現わしたのは一体いつのことでしょうか。この質問は、簡単なようで実はそうではないのです。いまから50年くらい前までの教科書には、約200万年前と表記されていましたが、いつしか400万年前になり、最近では650万年前のこととされるようになりました。わずかな間に人類の起源が3倍以上も古くなったわけです。もっとも、現代人と同じ新人 (**ホモ・サピエンス**) が出現したのは10〜20万年くらい前のことで、それ以前の人類は旧人とよばれています。

　地質学では、約200万年前から1万年前までを**更新世**(**洪積世**)といい、それ以降を**完新世**(**沖積世**)といいます。この時期の日本列島は、まだ大陸と陸続きの状態で、北からはマンモス、南からはナウマン象などが渡ってきていま

●時代の分かれ目は１万年前

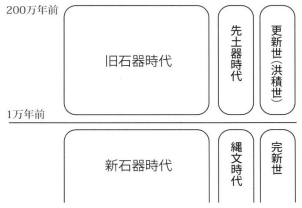

した。日本列島が現在のように大陸と切り離された形になったのは完新世になってからです。

日本列島に人類が住みついたのは、更新世の時代で、最初に確認されたのは、群馬県の**岩宿**(いわじゅく)**遺跡**でした。行商を職業としていた**相沢忠洋**(あいざわただひろ)**氏**が戦後まもない時期に赤土の関東ローム層から発見したこの遺跡によって、日本列島での人類の活動が明らかになったのです。

それ以後、多くの更新世の遺跡が確認されましたが、2000年、石器のねつ造事件が起き、考古学界に大きな衝撃を与えたりもしました。

現在、日本列島では更新世の時代の化石人骨として**浜北**(はまきた)

人(静岡県)・港川人(沖縄県)などがみつかっています。こうした化石人骨では、直良信夫氏によって発見された明石人も有名です。明石人は、1931年にみつかったときには学界の認めるところとはなりませんでしたが、戦後、更新世の人骨として認知されました。しかし、腰骨しか発見されなかったことや東京大空襲によってその腰骨も消失し、レプリカしか残されなかった点などから疑問視する意見も強く、最近では完新世の人骨とされています。

　地質学で更新世といわれている時代を考古学では**旧石器時代**とよびます。この時代の人々は、まだ金属器を知らず、石器を道具として用いていました。それも石を打ち欠いただけの**打製石器**といわれるものです。

　旧石器時代の人々は、狩猟・漁撈や木の実の採取などの生活を送っており、土器を用いることは知りませんでした。このことから、旧石器時代の文化を無土器文化といったりします。

　完新世に入ると石器の刃の部分を磨いた**磨製石器**が用いられるようになります。完新世を考古学では**新石器時代**とよびます。

■縄文時代とはどのような時代だったか

　完新世になって、日本列島が大陸から切り離されて現在

のような形になると、そこに約1万年におよぶ**縄文時代**が成立しました。縄文時代は、一般に草創期・早期・前期・中期・後期・晩期の六期に分けられます。

この時代の特徴は、**縄文土器**の使用があげられます。縄文土器は低温で焼かれた黒褐色の土器で、草創期のものは世界最古の土器といわれています。

また、遠距離から獲物をねらえる弓矢の出現も重要で、これによって狩猟のさいの縄文人の安全性は飛躍的にアップしました。

縄文人は、水辺に近い台地の上に竪穴住居を作って生活していました。5～6人で1軒を構成し、4～6軒で一集落をなしていました。

集落の周囲には環状もしくはU字状の貝塚が作られました。貝塚は、ごみすて場ですが、中から人骨が出ることもあります。

狩猟の対象とされたのはシカやイノシシと推測されますが、銛や釣針などの骨角器もみつかっていることから漁業もさかんにおこなわれていたと思われます。

また、石器の材料で特定の地域にしか産出しない**黒曜石**が、各地に分布していることから、縄文人は驚くほど広範囲にわたって交易していたと考えられます。

日本列島各地に誕生した「クニ」——弥生時代

■富の集積が貧富・階級を生んだ

　紀元前3世紀〜3世紀までを一般に**弥生時代**といっていますが、近年、この時期設定を500年くり上げようという意見もみられます。弥生時代は、前期・中期・後期の3期に分けるのがふつうです。

　この時代の特徴は、本格的な**水稲耕作**と**青銅器・鉄器**などの**金属器**の使用があげられます。高温で焼かれた赤褐色の**弥生土器**もみのがせません。

　原始的な農耕は、すでに縄文時代晩期にみられますが、本格的な水稲耕作は弥生時代に入ってからです。

　水稲耕作がすすむと食料の生産が安定するようになり、余ったものは高床倉庫や貯蔵穴(ちょぞうけつ)に貯蔵するようになりました。このように富の集積ができるようになると、**貧富・階級の差**が生じてきました。

　弥生時代になると、余剰(よじょう)生産物をめぐって争いが起きるようになりました。こうした争いに勝ち抜いた勢力によって、日本列島の各地に「**クニ**」とよばれる小国がつくられるようになりました。墳丘墓(ふんきゅうぼ)は小国の王たちの墓と考えられます。

この時期の日本列島には、まだ漢字がなかったため、中国の文献だけが情報源です。前漢の正史である『**漢書**』**地理志**には、「夫れ楽浪海中に倭人有り、分れて百余国と為る」と記されています。中国が朝鮮半島につくった植民地である楽浪郡 (現在の平壌付近) の東の海の中に倭人 (日本人) がおり、100余りの小国に分立していたというのです。さらに、定期的に楽浪郡に使節を送っていたことがうかがえる記述もあります。

また、『**後漢書**』の東夷伝には、**倭国** (日本) の様子がさらに詳しくのべられています。それによると、57年に倭の奴国王が後漢の都である洛陽に使者を送り、光武帝から**金印紫綬**をさずけられたとあります。奴国とは、現在の福岡市のあたりにあった小国のひとつと考えられています。この金印は、その後、ゆくえがわからなくなっていましたが、江戸時代に志賀島で発見されました。一辺が2.3センチメートルの正方形で、重さが109グラムあり、そこには、「**漢委奴国王**」という5文字が陰刻されています。本物は、現在、福岡市の博物館が所蔵しています。

また、107年に倭国王の帥升らが生口 (奴隷) 160人を安帝に献上したとも記されています。さらに、「桓霊の間、倭国大いに乱れ」ともあり、後漢の桓帝から霊帝にかけての時代 (147 〜 189年)、すなわち2世紀後半は、倭国で戦

乱が続いていたと考えられます。このころに、丘の上に造られた集落である高地性集落が出現することからも、**倭国大乱**の記述は正しいとされています。

ところで、このように小さなクニの王たちが中国に使節を送った目的は、進んだ技術や文化を手に入れることの他に、中国の権威を背景にして倭国内での立場を高めることだったともいわれています。

■「魏志」倭人伝に記された邪馬台国
3世紀の倭国の状況は、陳寿がまとめた『三国志』の中の**「魏志」倭人伝**にみることができます。それによると、**卑弥呼**を女王とする**邪馬台国**があり、それを中心に約30ほどの小国がゆるやかな連合体を形成していたことがうかがわれます。

邪馬台国の位置については、「魏志」倭人伝に朝鮮半島の帯方郡からの距離と方角とが明記されています。しかし、その通りに追っていくと、邪馬台国は九州の南方海上になってしまいます。そこでいわれるのが、方角か距離かのいずれかを信じ他方を切りすてる考えです。

つまり、方角は正しいが距離は不正確とすると邪馬台国連合は九州にあったことになり、地域連合体となりますが、距離を重視するとその所在は近畿となり、近畿から九州に

かけての広大な連合体となります。最近は、近畿説が有利なような風潮がみられますが、いまだに結論はでておらず、位置によってヤマト政権の形成にまで影響を与える重要な問題となっています。

女王の卑弥呼は巫女的な性格で、政治は弟が助けていたといわれます。卑弥呼は、239年（景初3年）に帯方郡や魏の都である洛陽へ使節を派遣し、魏から**「親魏倭王」**の称号と金印紫綬や100枚の銅鏡などを賜わりました。そのころ、邪馬台国は南に位置する狗奴国と戦闘状態であり、魏への使節派遣は、その権威をかりて戦いを有利に運ぼうとしたものと思われます。

邪馬台国では、卑弥呼の死後、一時、男王が立ちましたが、「国中服せず、更々相誅殺し、当時千余人を殺す」ことになり、「卑弥呼の宗女**壱与**、年十三なるを立てて王と為」したとあります。壱与は266年に魏のあとに成立した晋に使いを出しましたが、そのあと5世紀初めの倭の五王による遣使までの150年間、中国の正史から倭の記載は消えてしまいます。

邪馬台国は身分制社会でした。たとえば、「魏志」倭人伝には「下戸、大人と道路に相逢へば、逡巡して草に入り」とあって、大人と下戸という身分があったことを明記しています。下戸は大人に道で会うとすごすごと道端の草

の中に隠れてしまうというのです。さらに、下戸が大人と話すさいには、「或は蹲り、或いは跪き、両手は地に拠り之が恭敬を為す」と記されていて、両者には大きな身分差があったことがわかります。

この他にも、一大率などの官職から政治組織が整っていたことがうかがえますし、一定の税制度や刑罰の制度もありました。また、大倭と称される役人の監督のもとに市も開かれていました。

ヤマト政権の成立が持つ本当の重要性

箸墓古墳

西日本に古墳が発生したのは3世紀後半から4世紀の初頭とされていますが、近年、古墳の成立時期を3世紀の中期もしくは初期にくり上げようとする動きが活発化しています。

古墳時代は、前期・中期・後期の3つに区分しますが、これらのうち前期の古墳で最大規模のものは、奈良県の**箸墓**

古墳です。倭迹迹日百襲姫命が葬られているといわれますが、これを卑弥呼の墓という人もいます。いずれにしても、このような古墳が現れたことは、この時期に大和に有力な支配者がいたということになります。

　大和に当時、最大の古墳が出現したことからも、ここを中心に政治勢力が形成されていたと考えることは合理的です。この政治勢力を**ヤマト政権**とか**ヤマト王権**とかいいます。ヤマト政権は、**大王**を中心とした豪族たちによって支えられる連合政権で、4世紀ごろまでには、その勢力は東日本にも及んだとされています。

　大王とは首長のことで、はじめは王とよばれていましたが、5世紀ごろからは大王といわれるようになり、7世紀後半の天武天皇のころから**天皇**と称されるようになったと考えられます。ヤマト政権の中央政庁が朝廷にあたり、大王をはじめとして中央豪族によって構成されていました。中央豪族の最高の地位が**大臣・大連**です。どちらも臣・連の姓の氏族から任じられました。大臣になった氏族としては**蘇我氏**や**平群氏**、大連では**大伴氏**や**物部氏**などが知られています。

　大臣・大連やそれに次ぐ大夫らが大王の下で政策の決定にかかわる階層なのに対して、実際の政務を分担して行っていたのは**伴造**です。世襲的職業によってヤマト政

●ヤマト政権の機構

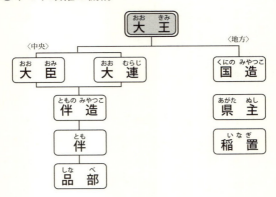

権に奉仕する階層で伴や品部を率いていました。品部は職能別の労働集団で、たとえば鉄器を生産する韓鍛冶部、須恵器をつくる陶作部、衣類を縫製する服部など多くの集団がありました。

地方には、国造をはじめ、大和の6県などの直轄地に県主や稲置などの地方官がおかれました。

ヤマト政権における政治的な身分秩序のシステムは、氏という組織で構成される豪族にさまざまな姓を与えて序列化するというものです(**氏姓制度**)。豪族の勢力の大小・居住地域・職能などによって異なる姓を与えることで、組織内の身分秩序を確立しました。

氏には、蘇我氏、葛城氏といったように本拠地である地名を氏名にしたものや、大伴氏、物部氏のように職名を氏名としたものなどがあります。氏の統率者である氏上は、その氏族の氏神を祭祀する特権をもち、大王から姓を与えられてヤマト政権に奉仕する役割を担いました。

継体朝と欽明朝から見る6世紀の日本

■磐井の乱がヤマト政権にあたえた影響

ヤマト政権は、大王を中心として勢力を拡大していくわけですが、6世紀の前半、武烈天皇に後継ぎがいなかったため、大伴金村によって継体天皇が北陸から迎えられます。継体は応神天皇の5世の孫とされていますが、血統的に謎が多く、それまでの王統とは異なる王朝であるという説もあります(**三王朝交替説**)。

継体朝には、百済から五経博士の来日などもありましたが、朝鮮半島は政治的に緊張が高まった時期でもあります。5世紀に大きな勢力をもっていた高句麗にかわって、6世紀に入ると新羅・百済の力が強大化するようになります。

その後、新羅の圧迫を受けた百済から救援の要請を受け

た継体天皇は、近江毛野ら6万人の将兵を朝鮮半島へ向かわせます。このとき起きたのが、527年の**磐井の乱**です。**筑紫国 造 磐井**が新羅のさそいに応じて、九州の豪族たちを味方につけて挙兵したのです。そのため、近江毛野らは海を渡ることができませんでした。それどころか、ヤマト政権は磐井による反乱を鎮圧することが急務となり、物部麁鹿火と大伴金村を将として派遣しました。

　磐井の乱は、1年半後にようやく鎮圧されますが、朝鮮半島ではその間、新羅が着々と勢力を強めました。そして、562年、日本は任那（加耶）にあった拠点を新羅によって滅ぼされることになります。

■大伴氏、物部氏の没落と蘇我氏の権勢

　継体朝で勢力をもっていたのは、軍事部門を担当していた大伴氏でしたが、540年に失脚しました。大伴氏の勢力が弱まると、それにかわって同じ軍事担当の物部氏の力が増し、欽明朝には大連として台頭するようになりました。これに対抗したのが文官の蘇我氏です。蘇我氏はヤマト政権下で財政を担当し、**三蔵（斎蔵・内蔵・大蔵）**の管理を行いました。

　6世紀の中ごろ、百済の聖明王から欽明天皇に仏像や経典が伝えられました。いわゆる**仏教公伝**です。朝廷ではそ

の受容をめぐって、蘇我氏と物部氏の対立が表面化するようになりました。すなわち、**蘇我稲目**は崇仏の立場をとり、物部尾輿は排仏の側に立ちました。この対立は、それぞれの子の代まで続き、587年、ついに**蘇我馬子**が**物部守屋**を攻め滅ぼしました。これ以後、物部氏は勢力を失い、その子孫は石上氏として存続していきます。

　一方、物部氏に勝利した蘇我氏は、ますます権力を強め、渡来人たちを支配下におき、勢力を強固なものにしていきます。

聖徳太子の登場は何をもたらしたか

　物部守屋が滅亡し、蘇我馬子が朝廷の実権を握りましたが、彼が擁立した崇峻天皇が反抗的になると、593年に殺害してしまいます。かわって馬子は、初の女帝である**推古天皇**を即位させます。推古は、593年に甥の**聖徳太子**を摂政とし、馬子とともに政治を行わせます。聖徳太子とは用明天皇の皇子である厩戸皇子のことであり、これ以後、さまざまな政策を打ち出したことで知られますが、近年、こうしたスーパーヒーロー的な太子像を否定する説もだされています。つまり、厩戸皇子と称する人物は実在したが、

聖徳太子といわれるなかば伝説的な人物はいなかったというわけです。いずれにしても謎にみちた魅力的な人物ともいえるでしょう。ここでは、通説に従って聖徳太子をみていきます。

聖徳太子は、603年に人材登用・門閥打破をめざして**冠位十二階**を制定しました。それまでのヤマト政権の姓は、氏に与えられた世襲的なものでしたが、冠位十二階は個人に与えられ、昇進も可能でした。儒教の徳目である徳・仁・礼・信・義・智の6つを冠位の名称とし、それぞれを大小に分けて12階としました。そして、紫・青・赤・黄・白・黒の順に冠の色で冠位を表し、色の濃淡で大小を区別しました。たとえば、大徳は濃い紫の冠、小徳は淡い紫の冠というようにです。

また、中央集権化をめざす聖徳太子は、604年、**憲法十七条**を制定しました。これは、のちの律令制にもつながる画期的なものでした。この憲法では、官人たちに対して「一に曰く、和を以て貴しとなし、忤ふること無きを宗とせよ」とあり、道徳的な訓戒を与えているのが特徴です。第二条では「篤く三宝を敬へ」とあり、三宝すなわち仏・法・僧を敬うことを述べています。また、「十二に曰く、……国に二の君なく、民に両の主なし」とも述べていて、天皇への服従を強調するとともに、豪族を官僚として再編

しようとしていることがうかがえます。

憲法十七条の制定の他に、歴史書の編纂も中央集権化の一環といえます。620年、聖徳太子は蘇我馬子とともに『天皇記』、『国記』をまとめました。この二つの書物は、蘇我氏が保管していましたが、645年の乙巳の変のさいに大部分を焼失してしまいました。そのため、具体的な内容は不明ですが、『天皇記』は天皇の歴史について記したものであり、『国記』は国の成立について述べたものであるといわれています。

大化の改新は古代の"政治改革"だった その1

聖徳太子が622年に亡くなると、蘇我氏の立場がいっそう強まり専横をふるうようになりました。大臣の地位は、**蘇我馬子**のあと子の**蝦夷**に引きつがれ、さらにその子の**入鹿**に譲られました。入鹿は自分の屋敷を天皇と同様の宮と称し、谷宮門とよばせるなど横暴をきわめました。そして、643年には、聖徳太子の子で有力な皇位継承者の1人であった山背大兄王を攻めて自殺に追いこみました。

一方、この時期、東アジアは618年に隋が滅びて唐に代わり、律令にもとづく中央集権化が進められました。こう

●改新政府の組織

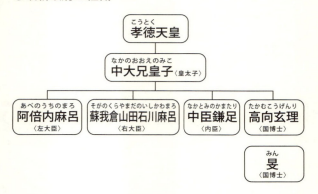

した動きは日本にも影響を与えました。蘇我氏を倒して中央集権的な国家をつくろうと645年、**中大兄皇子**と**中臣鎌足**らが蘇我入鹿を刺殺しました。このとき自分の屋敷にいた父の蝦夷も自殺し、蘇我本宗家はあっけなく滅亡することになります。645年は乙巳の年なので、この事件を**乙巳の変**とよび、これ以後の一連の政治改革を総称して**大化の改新**といっています。

蘇我氏を打倒した中大兄皇子は、孝徳天皇を立てて自らは皇太子となり、内臣の中臣鎌足とともに実権を握りました。

このように、乙巳の変と大化の改新は、中大兄皇子と中臣鎌足によって主導されたとするのが定説ですが、近年、

一連の事件の首謀者を孝徳天皇とする説がだされ話題をよびました。

それはともかくとして、その後の改新政府の動きをみていくと、左大臣に有力氏族のリーダー格であった阿倍内麻呂がつき、右大臣には入鹿の従兄弟でありながら中大兄皇子側についた蘇我倉山田石川麻呂が任命されました。また、遣隋使として海を渡り進んだ知識を学んできた高向玄理と僧の旻が政治顧問である国博士となりました。また、年号を大化と定め、難波長柄豊碕宮に遷都しました。646年には、基本政策となる「**改新の詔**」を発表しています。

大化の改新は古代の"政治改革"だった その2

孝徳天皇のあと、中大兄皇子の母である**斉明天皇**が即位しました。斉明天皇は、孝徳の前に天皇であった**皇極天皇**です。このように同じ人物が二度天皇になることを**重祚**といい、きわめて特殊なことです。

斉明朝でも政権をリードしたのは皇太子の中大兄皇子でした。中大兄皇子は積極政策をとり、東北に阿倍比羅夫を派遣して蝦夷・粛慎を征伐させました。東北には孝徳朝のときにすでに蝦夷に対する基地として淳足柵(647年)、

磐舟柵（648年）を設置していましたが、斉明朝ではさらにそれが強化されました。

斉明天皇が661年に亡くなると、中大兄皇子は**称制**という形で政治をおこないました。称制とは、天皇になるべき人が即位をせずに政務をとる形式をいい、重祚とともに変則的なスタイルといえます。その後、中大兄皇子は内政の充実をはかり、667年に都を飛鳥から近江の**大津宮**に移し、翌668年に即位して**天智天皇**になりました。

天智天皇は、668年に中臣鎌足らに命じて初の**令**である**近江令**を編纂させたといわれます。これは全部で22巻からなり、**飛鳥浄御原令**とともに、のちの**大宝律令**の基礎になったといわれています。

しかし、近江令は現存していないために、内容については不明であり、制定に関する史料もほとんど残されていないこともあって制定を疑う説もあります。

670年には、初の全国的戸籍である**庚午年籍**がつくられました。これ以前にも戸籍はありましたが、全国的規模

●**古代日本の令**

近江令 → 飛鳥浄御原令 → 大宝律令 → 養老律令

のものはありませんでした。そのため律令制の時代になっても氏姓を正す根本台帳として重視されました。

古代史最大の内乱「壬申の乱」とその後の日本

■戦いに勝利した天武天皇の政治

671年に天智天皇が大津宮で亡くなると、翌672年、吉野の山中に出家と称してこもっていた天智天皇の弟**大海人皇子**（おおあまのみこ）が挙兵しました。大海人皇子は、吉野から伊勢、尾張へと軍を進め、美濃を拠点として東国の兵を味方につけました。こうして、大津京の**大友皇子**（おおとものみこ）と皇位を争いました。これが**壬申の乱**です。大海人皇子は激戦の末、大友皇子を破り飛鳥浄御原宮で即位して**天武天皇**になりました。

大友皇子を支持した大豪族を退けて天皇になった天武は、大臣をおかずに天皇家の一族である**皇親**（こうしん）を重く用いる皇親政治をおこないました。

政策としては、まず豪族の身分秩序の再編をめざして684年に制定した**八色の姓**（やくさのかばね）があげられます。真人（まひと）・朝臣（あそみ）・宿禰（すくね）・忌寸（いみき）・道師（みちのし）・臣（おみ）・連（むらじ）・稲置（いなぎ）の8種類を姓としました。これらのうち、真人は皇親のみに与えられ、ヤマト政権の氏姓制度で最高位にあった臣・連が6番目、7番目とされ

ている点が注目されます。

さらに、天武天皇は**飛鳥浄御原令**を編纂しました。この法律は、天武天皇の死後、あとをついだ**持統天皇**によって実施されます。

また、このころ大王に代わって天皇という称号が採用されたと考えられますし、倭に代わって日本という国号が用いられるようになったともいわれています。

天武天皇は国史の編纂に意欲的で、6世紀の欽明朝のころに成立した『帝紀』『旧辞』の再検討を命じ、それがのちに『古事記』となって結実します。

これらの他にも、冠位を新しく四十八階制にするなど、中央集権国家をめざした国家づくりが展開されました。

天武天皇が亡くなって即位したのは皇后の持統天皇です。持統は、夫の政策をうけついで689年に飛鳥浄御原令を実施し、それにもとづき690年、**庚寅年籍**をつくり班田を行いました。

694年には、**藤原京**に遷都しました。この都は唐の長安城をモデルにした日本で最初の都城であり、710年に平城京に遷都するまで、持統・文武・元明の3代の天皇の都として栄えました。

■律令制とは何か

701（大宝元）年、文武天皇の命をうけて、**刑部親王・藤原不比等**ら19人によって律6巻・令11巻からなる**大宝律令**が制定されました。律も令も現存しませんが、律は刑法にあたり、唐のものをほぼ継承し、令は組織や税制などを定めた行政法にあたり、日本の情勢に合うように変えられたとされています。

ついで718（養老2）年、藤原不比等を中心に**養老律令**が制定されました。しかし、この律令の実施はずっと遅れ、757年、不比等の孫である藤原仲麻呂の時代になってからです。このことから、養老律令の制定を718年とする説を疑問視する見解も有力です。

養老律令の内容は、大宝律令を少し修正したもので、ほとんど差はないとされています。

律令制の組織は、二官・八省・一台・五衛府からなっています。組織の頂点は、一般政務を行う太政官と神祇・祭祀をつかさどる神祇官の二官です。太政官の下には政務を分担する八省がありました。一台とは弾正台のことで、太政官から独立した組織で役人の不正を取り締まるのが役目です。五衛府は、京内や官中の警備にあたりました。

行政区画では、全国を五畿（畿内）七道に分けて、その下に国・郡・里を置き、それぞれに国司・郡司・里長を

1-1 古代 政治

●律令官制とは？

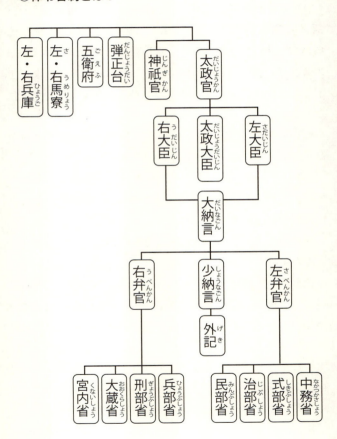

任命しました。京には、左・右京職、外交面で重要な難波には摂津職、九州には「遠の朝廷」とよばれた大宰府が置かれました。

司法制度では、笞・杖・徒・流・死の五刑があり、これらの他に国家や父母に対する重罪には八虐がありました。

奈良時代前期の「権力」の興亡

■藤原不比等が権力をにぎる

8世紀のはじめ、政界をリードしたのは、藤原鎌足の子である**不比等**でした。すでに触れたように、大宝律令を編纂したほか、養老律令をつくり、中央集権的な律令国家の整備に貢献しました。

また、708年には本朝(皇朝)十二銭の第一番目となる**和同開珎**を鋳造し、さらに、銭貨の流通を促進させるために**蓄銭叙位令**を制定しました。

710年、元明天皇のとき、藤原京から**平城京**への遷都を主導したのも不比等です。平城京も藤原京と同様、唐の長安城をモデルにした都城であり、最北部の中央に天皇の居住空間である内裏や政務を行う朝堂などが置かれました。

郡と地方を結ぶ手段としては駅制がしかれ、約16キロメートルごとに駅家が置かれ役人が公用で往復するときに利用されました。

■長屋王と藤原四氏の対立
　藤原不比等が亡くなると、かわって**長屋王**が政権を担当しました。長屋王は、父が高市皇子、祖父が天武天皇という皇親勢力の代表的存在として、主に土地制度に功績を残しています。左大臣になると、723年に三世一身法を定め、律令制の経済的根幹である公地公民制の維持につとめました。

　その後、長屋王は藤原不比等の4人の子どもたちと対立するようになります。不比等は、県犬養橘三千代との間にできた光明子を、まだ皇太子であった聖武のもとに嫁がせていましたが、聖武が即位すると、不比等の子である**武智麻呂・房前・宇合・麻呂**(藤原四子・藤原四家)らは、光明子を皇后に推しました。しかし、長屋王はこれに対して、人臣の出身で皇后についた例はないとして強く反対したため、729年に謀叛の疑いをかけられ自殺させられました。この**長屋王の変**ののち、光明子は人臣で初めての皇后となりました。

　長屋王の変のあと、武智麻呂は**南家**、房前は**北家**、宇合

は**式家**、麻呂は**京家**をそれぞれおこし権力を掌握しました。四子は、太政官のメンバーには有力氏族ごとに1人がつくという慣習を破って全員がこれにつき太政官を牛耳りました。しかし、737年、当時大流行した天然痘にかかって次々に世を去ってしまいました。

聖武天皇が目指した「鎮護国家」による政治

　藤原四子があいついで世を去ったあと、皇親出身の**橘諸兄(葛城王)** が政権を掌握しました。諸兄は、政治顧問に**吉備真備**と**玄昉**を登用して政治を行いましたが、740年に**藤原広嗣の乱**が起こりました。

　広嗣は、式家を開いた宇合の子で、当時、大宰府に左遷されていた人物です。そうしたこともあって諸兄政権に対しての不満も強く、吉備真備と玄昉の排除を求めて大宰府で挙兵しましたが、鎮圧軍に敗れ処刑されました。乱それ自体は2ヵ月あまりで平定されましたが、この事件は聖武天皇に大きなショックを与えました。

　藤原広嗣の乱ののち、聖武天皇は740年に平城京から山背国の**恭仁京**へ遷都しました。ついで、742年近江国の**紫香楽宮**に移りました。このときには遷都の詔がでてお

らず、紫香楽宮は離宮ということになります。さらに、744年、聖武は摂津国の難波宮に移り都としますが、再び紫香楽宮へもどり、今度は紫香楽宮を正式な都としました。しかし、それもつかのま、745年に都を平城京へもどしたのです。わずか5年のあいだに聖武は都を転々としたわけで、当然のことながら社会は混乱することになりました。

聖武天皇は都を何度も移しながら、仏教の鎮護国家の思想によって政治を行おうとしました。741年には恭仁京で**国分寺建立の詔**を出し、国ごとに国分寺と国分尼寺の造営を命じました。

国分寺の中でも特に大和国の東大寺は総国分寺、法華寺は総国分尼寺と称されました。

743年、聖武天皇は当時、離宮であった紫香楽宮で**大仏造立の詔**を発し、金銅の盧舎那大仏の造立が始まりました。聖武天皇の意気ごみは並々ならぬものがあり、「夫れ天下の富を有つ者は朕なり。天下の勢を有つ者も朕なり。此の富勢を以てこの尊像を造る。事や成り易き」と『続日本紀』に記されています。しかし、実際の大仏建立はそう簡単にはいかず、その後、盧舎那大仏は紫香楽宮から平城京へと移して造立され、752年にいたって華厳宗の本尊として完成しました。東大寺で開眼供養会が盛大に行われましたが、このとき天皇は聖武から娘の孝謙へとかわっていま

した。

奈良時代後期の「権力」の興亡

■藤原仲麻呂の台頭

749年、聖武天皇は光明皇后との間にできた娘である**孝謙天皇**に譲位しました。孝謙朝では、皇太后となった光明子を後ろだてに、南家出身で甥の**藤原仲麻呂**が台頭しました。

757年、橘諸兄の子の奈良麻呂が藤原仲麻呂を排除しようとしましたが、逆に仲麻呂によって奈良麻呂は失脚させられました（**橘奈良麻呂の乱**）。この乱を経て仲麻呂は権力を確立していくことになります。

■孝謙上皇に引き立てられた道鏡の野望

孝謙天皇は、藤原仲麻呂を重用し、仲麻呂が推した淳仁に天皇位を譲りました。しかし、淳仁が即位すると、仲麻呂は孝謙上皇をさけるようになりました。こうした状況で重病になった孝謙上皇を治したのが**道鏡**です。道鏡は法相宗の僧侶でしたが、孝謙上皇の信任を受け政治にも介入するようになりました。

●奈良時代の政権担当者の変遷

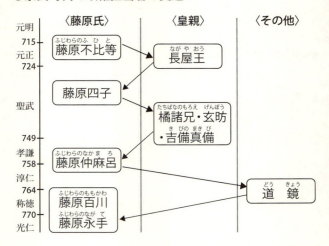

　道鏡が台頭してくる中、仲麻呂は764年に道鏡打倒をもくろんで**藤原仲麻呂(恵美押勝)の乱**を起こしましたが、近江国で敗死してしまいました。乱ののち、孝謙上皇は重祚して称徳天皇となり、淳仁天皇は淡路島へ配流となりました。称徳のもとで道鏡は765年に太政大臣禅師となり、さらに翌年には法王となりました。絶頂をきわめた道鏡は、769年に宇佐八幡宮の神託を受けたとして天皇の位を望みました。しかし、神託の真偽を確認するために宇佐八幡宮へ派遣された和気清麻呂らによって即位をはばまれました。

これを**道鏡皇位事件**とか**宇佐八幡宮神託事件**とかとよんでいます。

　全盛を誇った道鏡も770年、唯一最大の保護者であった称徳天皇が急死すると、急激に権力を失うことになります。道鏡は下野国の薬師寺の別当（長官）に左遷され、かわって式家の藤原百川らが台頭しはじめます。百川らは62歳という高齢の光仁を即位させました。壬申の乱以降、乱に勝利した天武天皇の系統が天皇になっており、天智天皇の孫にあたる光仁は、本来、天皇位につくことは難しかったのですが、藤原百川らの力によって天皇になることができたのです。

平安時代前期の「権力」の興亡

■平安京遷都と桓武天皇の政治

　光仁天皇のあと、その子の桓武が即位しました。**桓武天皇**は政治の刷新をはかって784年、都を平城京から長岡京へ移しました。しかし、翌年に桓武の信任を受け長岡京の造営にあたっていた藤原種継が暗殺されたこともあり、和気清麻呂の進言を受け入れて、794年、**平安京**へと再遷都しました。

藤原種継を暗殺したのは大伴継人であるとされ、これによって大伴氏は失脚することになります。罪は桓武天皇の弟で皇太子であった早良親王にも及びました。すなわち、事件に加担していたとして皇太子を廃され流罪となりました。かわって皇太子には桓武の子の安殿親王がつぎ、のちに平城天皇となりました。

　桓武は、律令制の維持をめざしてさまざまな政治改革を行いました。まず、令外官である**勘解由使**を設置し、**解由状**の審査を行って不正をとりしまりました。解由状とは、国司が交替するとき引きつぎのさいに後任者が前任者に渡すもので、前任者が任務をきちんと果たしたという証明書のことをいいます。

　792年には、東北と九州を除いて軍団制を廃止して、そのかわりに郡司の子弟が志願して兵士となる**健児制**を実施して、農民の負担を軽くしました。

　桓武天皇は、東北の蝦夷の征伐にも積極的で、797年、**坂上田村麻呂**を**征夷大将軍**に任命しました。東北には、奈良時代にすでに多賀城が造られ、そこに国府と蝦夷征伐のための鎮守府が置かれていました。坂上田村麻呂は、そこから一歩前進して、802年に胆沢城 (岩手県) を築いて多賀城から鎮守府を移し、翌年にはさらにその北方に志波城を造りました。

■蔵人頭、検非違使の設置

桓武のあと、その子の平城・嵯峨が順に皇位を継ぎました。特に嵯峨天皇は、**蔵人頭**や**検非違使**といった令外官を設置し、天皇権力の強化につとめました。

蔵人頭は、天皇の側近として機密文書や訴訟を主に扱い、検非違使は京内の治安維持にあたりました。さらに、藤原冬嗣らに律令の補足法令である格や律令の施行細則である式の分類・編纂を命じ、**弘仁格式**をつくらせました。弘仁格式は、のちの清和朝につくられた**貞観格式**・醍醐朝の**延喜格式**とあわせて**三代格式**とよばれています。

・・・・・・・・・・・・・・・・・・・・・・・・・・・・

藤原北家はなぜ興隆をきわめることができたのか

・・・・・・・・・・・・・・・・・・・・・・・・・・・・

■有力氏族をつぎつぎ失脚へ追い込む

藤原四家の中でも、平安朝に大発展をとげたのは、藤原北家でした。北家は他の有力氏族をつぎつぎに失脚させると共に、天皇家の外戚になる工作を積極的におこなって権力をつかみました。

北家の隆盛のきっかけをつくった**冬嗣**は、嵯峨天皇の信任を得て蔵人頭となり、**薬子の変**で平城上皇の復位と平城

京遷都をはかった藤原仲成・薬子の兄妹を失脚させました。冬嗣と仲成・薬子は同じ藤原氏ですが、仲成と薬子は式家であり、薬子の変は北家が式家に打撃を与えたことになります。

冬嗣の子の良房は、842年の承和の変で伴健岑・橘逸勢を排除し、皇太子だった恒貞親王を廃して妹の順子の子である道康親王を皇太子につけました。道康親王は、のちに即位して文徳天皇になります。さらに、866年の応天門の変では、大納言の伴善男が左大臣の源信の失脚をはかって応天門に放火したことを利用して、伴善男を失脚させました。この事件ののち、良房は人臣で初の摂政となりました。

ついで良房の養子の基経は、887年の関白の詔で任じられた「阿衡」(事実上の関白)は名だけの職であるとして、詔を起章した橘広相を失脚させました。翌年、宇多天皇は非を認め、基経をあらためて関白としました。これが阿衡の紛議とか阿衡事件とかとよばれている事件です。この事件は、天皇家よりも藤原北家のほうが強いということをみせつけることにもなりました。ちなみに、天皇が幼少のとき補佐する職を摂政といい、成人した天皇を補佐する職を関白といいます。

宇多天皇は、朝廷の警備のために滝口の武士を設置して

武力を強化すると共に、基経の死後は関白を置かず、**菅原道真**を蔵人頭に任じ重用しました。道真は、宇多のあとをついだ醍醐天皇のもとで右大臣となりますが、基経の子で左大臣であった藤原時平によって大宰権帥に左遷させられました。

さらに969年、源満仲の密告を利用した藤原実頼が、左大臣の源高明を大宰府へ左遷させました。これが**安和の変**で、失脚した源高明は醍醐天皇の皇子であったことから、もう北家に対抗できる勢力がなくなったことを世間にしらしめることになりました。以後、摂政・関白が常に置かれるようになり、北家がこれにつくようになりました。

■北家内部の抗争から衰退へ

安和の変で、北家の他氏排斥が終了したあと、今度は北家の内部で誰が氏の長者になるかということで抗争が激化するようになりました。

北家の全盛期を築いたのが**藤原道長**とその子**頼通**です。

道長は、後一条・後朱雀・後冷泉の三天皇の外戚として権力をふるい、摂政・太政大臣となり、晩年に法成寺(御堂)を建てたので、御堂関白といわれました。その子の頼通は、1016年から1068年まで50年もの長きにわたって摂政・関白の地位にあり、宇治に**平等院鳳凰堂**をつくっ

たので宇治関白とよばれました。しかし、頼通は天皇の外戚になることに失敗し、その後、北家は衰退へと向かうことになります。

武士の成長と相次ぐ乱がひろげた波紋

■平将門の乱と藤原純友の乱

　10世紀に入り、律令制度が衰退のきざしをみせはじめると、まず地方政治が混乱してきます。そのため地方の豪族たちは自衛のために武装化するようになり、やがて彼らは武士とよばれるようになります。

　武士は、地方に土着した貴族や天皇の子孫などを棟梁としてあおぎ、武士団を形成しました。その中でも特に、桓武天皇のひ孫である**高望王**を祖とする**桓武平氏**と清和天皇の孫の**源　経基**を祖とする**清和源氏**は有名です。

　桓武平氏は東国に土着し、勢力を伸ばしました。そうした中、下総の猿島を拠点にしていた一門の**平　将門**は、父の死後、所領をめぐって父の兄弟たちと対立するようになり、伯父の国香を殺害するに及びました。そして、939年に反乱を起こすと、猿島を内裏とよび、自らを京都の天皇に対して新皇と称しました。この平将門の乱は、940年に

国香の子の平貞盛らによって平定されました。

時を同じくして939年、もと伊予掾だった**藤原純友**が瀬戸内海を舞台に反乱を起こしました。この藤原純友の乱は、一時は大宰府を攻めるなど勢いがありましたが、941年に鎮圧されました。平将門の乱と藤原純友の乱を合わせて**承平・天慶の乱**とよびます。

これらの2つの事件は、東国と瀬戸内海という都から離れた場所で起こりましたが、いずれも武士が起こし、それを押さえたのも武士であることから、武士たちが貴族に対して自分たちの実力を認識した事件として注目されます。

■前九年の役と後三年の役

1028年には房総で**平忠常の乱**が起きました。この乱を源頼信が平定したことから、次第に源氏が東国へ進出するようになりました。

一方、1051年、陸奥の有力豪族であった安倍頼時とその子の貞任・宗任が国司に反抗しました。彼らの力は強く、鎮圧にあたった源頼義・義家父子は、出羽の豪族である清原氏の助けをかりてようやく攻め滅ぼすことに成功しました。この事件が**前九年の役**とよばれるものです。さらに、東北を舞台として**後三年の役**が起こります。これは、1083年、清原氏一族の内紛に陸奥国守であった源義家が

介入し、母の再婚によって清原氏の一族となった藤原清衡を助けて清原氏を滅ぼした事件です。

この結果、陸奥では藤原清衡が実権を握り、このあと3代にわたって栄華を誇りました。また、東国では源義家の名声が高まり、東国は桓武平氏にかわって清和源氏の基盤となりました。

平氏が栄華を極めた時代

1068年に即位した後三条天皇は、藤原氏を外戚としない天皇で、学識にすぐれた人材を多く登用して思いきった政策を行いました。

まず、荘園の整理があげられます。それまでも荘園の増加防止や縮小を目的とした荘園整理令は出されていましたが、どれも藤原氏に気がねして不徹底なものでした。後三条天皇は、1069（延久元）年に**延久の荘園整理令**を出し、その実施機関として**記録荘園券契所（記録所）**を設置しました。この荘園整理の特徴は、1045年以降にできた荘園や書類の不備な荘園を停止するというもので、藤原頼通の所有している荘園も対象とされました。

後三条天皇のあと即位した白河天皇は、1086年、幼少

の堀河天皇に譲位し、自らは上皇（院）となって、院庁で政務をとる院政を行いました。また、武力機関として御所の北面の整備にあたる**北面の武士**を置いて、権力の強化につとめました。

院政下において、伊勢平氏の平**正盛**は白河上皇の信任を得、その子の**忠盛**は鳥羽上皇に認められて昇殿を許されるまでに成長しました。忠盛の子である**清盛**は、1156年に起きた**保元の乱**で**後白河天皇**方について勝利をもたらしました。その後、1159年の**平治の乱**でライバルの源義朝を倒して権力を握りました。

1167年には**太政大臣**に任じられ、平氏政権が成立しました。平氏政権は、武士による政権でありながら、一方では帰属的な要素も色濃くもっていました。たとえば、平清盛は娘の徳子を高倉天皇に嫁がせて中宮とし、安徳天皇が生まれると、天皇の外戚として政権の維持をはかりました。

こうした清盛の台頭は、当時、院政を行っていた後白河上皇との間に深い溝を生むことになり、1177年、上皇の院の近臣である**藤原成親**・僧の**俊寛**らが平氏打倒をはかった**鹿ヶ谷の陰謀**が発覚します。この事件を契機として、後白河上皇と平清盛との対立は決定的なものとなり、1179年、ついに清盛が鳥羽殿に後白河上皇を幽閉するという事態を引きおこしました。

2　中世日本の政治

・・・・・・・・・・・・・・・・・・・・・・・・・・・・・・・・・・・・
日本最初の武家政権鎌倉幕府の誕生
・・・・・・・・・・・・・・・・・・・・・・・・・・・・・・・・・・・・

■源平合戦の顛末

　平清盛の娘である徳子が生んだ**安徳天皇**が即位すると、後白河法皇の皇子**以仁王**は平氏追討の令旨を出し、自らも**源頼政**とともに挙兵しました。しかし、逆に平氏に追われることになり、宇治の平等院で敗死してしまいました。

　以仁王の発した令旨は、その夜、各地の源氏に伝わり、伊豆に流されていた**源頼朝**や信濃にひそんでいた**源義仲**が立ち上がる契機となり、内乱は全国へと広まり、**治承・寿永の乱**とよばれる源平の争乱がくりひろげられました。

　平清盛は、こうした状況に対応するため、福原京へと都を移しましたが、公家たちの大反対をうけ、半年たらずで都はもとの平安京へと再びもどされました。こうした中で、平清盛が病死すると、平氏の勢力は急速に弱まり、1184年の**一の谷の戦い**(摂津)、翌1185年の**屋島の戦い**(讃岐)

での敗戦を経て、1185年の**壇ノ浦の戦い**(長門)でついに滅亡してしまいました。

■御恩と奉公を体制の基本に置く

平氏を滅ぼした**源頼朝**は、1189年に奥州藤原氏を滅ぼし、出羽・陸奥を支配下に置きました。ついで、1192年には**征夷大将軍**に任命されました。ここに、武士による政権が誕生しましたが、鎌倉幕府の成立については、平氏滅亡の1185年とする説が有力です。

鎌倉幕府は、中央に御家人を統制する**侍所**・一般の政務を行う**公文所**(のちに**政所**に吸収)・訴訟や裁判を扱う**問注所**を置き、京都には治安維持や朝廷と幕府のパイプ役として**京都守護職**を設置しました。

地方には、国ごとに有力御家人が守護として置かれ、京都を警備する大番役の招集(**大番催促**)や謀叛人、殺害人の逮捕を職務としました(**大犯三カ条**)。また荘園や公領には地頭が置かれ、土地の管理や治安維持につとめました。

頼朝は、御家人に先祖から伝わる土地の所有を承認し保障する本領安堵や功績に対して新しく所領や役職を与える新恩給与などの御恩を与えて、土地で結ばれた主従関係である封建制を強化することにつとめました。これに対して、将軍と主従関係を結んだ家臣である御家人は、ふだんは皇

●鎌倉幕府の組織

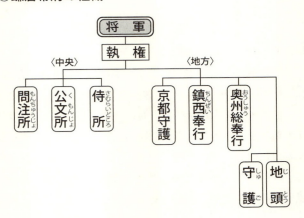

居を護衛する京都大番役や幕府を警備する鎌倉番役につき、戦いが起きると兵士や武器を負担する軍役をこなして奉公しました。この**御恩と奉公**が鎌倉幕府の体制の根本といえます。

・・・・・・・・・・・・・・・・・・・・・・・・・・・・・
執権政治はいかにして確立したか
・・・・・・・・・・・・・・・・・・・・・・・・・・・・・

■二元政治に終止符をうった承久の乱

　1199年に源頼朝が死去すると妻の**北条政子**との間の子

である源頼家が2代将軍になりました。父の頼朝のときは将軍の権力が大きかったのですが、頼家の時代になると将軍の権限は制限されるようになり、かわって北条時政、大江広元ら13人の合議制による政治が行われるようになりました。

　北条政子の父である北条時政は、1203年に将軍頼家を廃して伊豆の修禅寺に幽閉し、頼家の妻の父である比企能員を滅ぼしました。

　そののち北条時政は、3代将軍に頼家の弟である**実朝**をたて、自分自身は政所の長官である別当につき、初代**執権**として幕府の権力を握りました。

　ついで、2代執権についた時政の子の**義時**は、1213年に侍所別当だった和田義盛を和田合戦で滅ぼし、それまでの政所別当に加えて侍所別当も兼ねました。これ以後、執権は北条氏の世襲となり、北条氏は権力をいっそう強化することになりました。

　1219年、3代将軍の源実朝が頼家の子の公暁に鶴ヶ岡八幡宮で暗殺されるという事件が起きました。

　この事件は、京都の朝廷にも大きな影響を与えることになります。

　1221年、鎌倉幕府が動揺しているとみた**後鳥羽上皇**は、北条義時追討の命令を発し、子の順徳上皇・土御門上皇

らとともに挙兵しました。

これに対して、鎌倉幕府は未亡人ながら隠然たる力をもっていた北条政子の努力もあって、ひとつに団結して事件に対応しました。北条義時は、子の泰時に自分の弟の時房をつけて幕府軍を上洛させて後鳥羽上皇ら朝廷軍を打ち破りました。

これが**承久の乱**で、後鳥羽は隠岐、順徳は佐渡、土御門は土佐へそれぞれ配流となり、朝廷側の所領3000カ所も没収となりました。没収した荘園には戦いに功のあった御家人たちが新補地頭として任命されました。

承久の乱によって朝廷側の権力は崩壊し、それまでの二元政治に終止符をうつことになりました。京都にはそれまでの京都守護に代わって朝廷監視のための**六波羅探題**が置かれ、以後、鎌倉幕府が名実ともに日本を支配するようになりました。

■強大化した北条氏の権力

3代執権の**北条泰時**は、執権を補佐する**連署**を置き、この職に叔父の時房を任命しました。また、所領争いなどの訴訟に公平さを保つために**評定衆**を設置し、11人の有力御家人による合議制を行いました。

1232(貞永元)年には、御家人の規範を示す**御成敗式目**

(貞永式目)を制定しました。これは、51カ条からなる最初の武家法で、頼朝時代の先例と道理を基本としていました。時代の経過とともに追加法令が出されますが、これを式目追加とよびます。

5代執権となった北条時頼は、評定衆の補佐として**引付衆**を設置しました。また、1247年、宝治合戦によって三浦泰村を倒し、北条氏の権力を不動のものにしました。さらに1252年には宗尊親王を皇族将軍としてむかえ、北条氏の独裁化をおしすすめました。

将軍職は、初代源頼朝のあと子の頼家、実朝が継ぎましたが、ここで源氏の血がとだえ(源家将軍)、4代には京都から九条道家の子の藤原頼経を招き、その子頼嗣が5代を継ぎました(摂家将軍・藤原将軍)。しかし、藤原頼嗣は将軍の座を追われて京都へ帰され、かわって後嵯峨天皇の皇子の宗尊親王が6代将軍にむかえられ、以後、皇族将軍の時代が続くことになります。

元寇の襲来から鎌倉幕府の滅亡まで

■元寇からはじまった体制の動揺

13世紀後半、元のフビライの朝貢要求を拒否したため、

文永の役(1274年)・**弘安の役**(1284年)の二度にわたって元の襲来を受けました。しかし、二度とも暴風雨によって元を退けることに成功しました。この暴風雨を、日本を守るために風がおこした神風だと信じる風潮が高まり、日本は神の国であるという神国思想が広まりました。

しかし、元寇による出費で幕府は困窮し、御家人たちに充分な恩償を与えることができませんでした。

こうした状況の中で、北条家の本家である**惣領家**(得宗家)が勢力を伸ばし、**得宗専制体制**を確立しました。北条得宗家の独裁化を示す例として**霜月騒動**があげられます。この事件は、9代執権貞時の内管領である平頼綱と有力御家人で貞時の外戚の安達泰盛の抗争であり、1285年に頼綱によって安達一族が滅ぼされてしまいました。内管領とは、執権の家臣である御内人の代表であり、いわば執権の家臣ナンバーワンにあたります。しかし、あくまでも執権の家臣であり、安達とは格が違うわけですが、その平頼綱が安達泰盛より強力である、ということは、執権の貞時の権力はさらに大きいということをみせつけたといえます。

困窮した御家人を救うために、執権北条貞時は1297年、**永仁の徳政令**を発布しました。御家人の所領の質入れや売買を禁止し、御家人が関係する金銭の訴訟は受けつけないとしました。また、すでに生活苦のため土地を売却してし

まった御家人に対して、買い主がやはり御家人の場合は売ってから20年未満という限定つき、非御家人ならば年数に関わらず土地をとりもどしてよいとしました。しかし、こうした徳政令は当然のことながら反発も多く、翌1298年に撤回されました。

　得宗専制政治が続く中、14代執権の**北条高時**は政治に関心が低く、それにつけこんだ内管領**長崎高資**が権力を握りました。しかし、他の御家人たちの反発は強く得宗専制政治は動揺することになります。

　このような情勢下で朝廷はというと、後嵯峨天皇のあと後深草上皇の系統の**持明院統**と亀山天皇の系統の**大覚寺統**とが皇位をめぐって対立していました。これに幕府が介入して両統が交互に皇位につく**両統迭立**という状態が続きました。1317年に幕府が**文保の和談**を開いてこの問題の解決をはかろうとしましたが対立は続き、翌1318年に大覚寺統の**後醍醐天皇**が即位しました。

■鎌倉幕府の終焉

　幕府権力の衰退にともなって畿内周辺では悪党の活動がさかんになり秩序を乱すようになりました。こうした動きをみた後醍醐天皇は幕府打倒を計画して1324年に**正中の変**をおこしましたが、これは失敗に終わりました。しか

し、1331年、再び元弘の変を企てましたが、これも失敗に終わり、後醍醐は隠岐に流されました。幕府は、京都に光厳天皇を擁立しましたが、このころから後醍醐の皇子護良親王や河内国の豪族の楠木正成ら討幕派の勢力が強まりだしました。後醍醐天皇も隠岐を脱出し、兵をあげました。幕府は京都を制圧するために足利高氏(尊氏)を派遣しましたが、1333年、高氏は京都での幕府の拠点である六波羅探題を落とし、新田義貞が鎌倉を攻めて北条高時をはじめとする一族を自害させました。ここに、ついに鎌倉幕府は滅亡に追いこまれました。

建武の新政と南北朝動乱の時代

■3年足らずで崩壊した建武の新政

　後醍醐天皇は、鎌倉幕府が滅びたのち、京都で天皇による親政を開始しました。これが建武の新政です。後醍醐は、中央に最高機関として、一般政務を行う記録所、訴訟を扱う雑訴決断所、武士の論功を担当する恩賞方、軍事機関の武者所を置きました。武者所の長官である頭人には新田義貞を起用し、足利尊氏に対抗させました。

　地方には国司と守護とを併置し、公家と武士の双方に配

慮をみせました。鎌倉には鎌倉将軍府を置き、後醍醐天皇の皇子成良親王を派遣し、足利尊氏の弟の直義が補佐にあたりました。また、陸奥には陸奥将軍府を置き、やはり後醍醐天皇の皇子の義良親王を派遣しました。

　後醍醐天皇は、平安時代に親政を行った醍醐・村上両天皇の延喜・天暦の治を理想として、大内裏の造営や所領の安堵を天皇の命令文書である綸旨によって認める個別安堵法の制定などを推進しようとしましたが、当時の実情や武士の慣習を無視していたため武士から大きな不満がふき出し、混乱が続きました。建武の新政が開始された1334年、京都の二条河原にかかげられたといわれる落書には、政治の混乱ぶりが痛烈に風刺されています。その結果、建武の新政は、わずか3年たらずで崩壊してしまいます。

■足利尊氏による室町幕府の樹立

　足利尊氏は、論功として征夷大将軍を期待しましたが、後醍醐はそれを認めず、皇子の護良親王を征夷大将軍としました。その結果、足利尊氏と護良親王の間に対立がおき、尊氏の排斥に失敗した護良親王は逆に鎌倉に幽閉されてしまいます。

　一方、北条高時の子の時行が鎌倉幕府の再興をくわだてて1335年、挙兵して鎌倉を占拠することに成功します。

しかし、京都から鎮圧軍として派遣された足利尊氏によって平定されてしまいます。これが**中先代の乱**とよばれる事件です。

中先代の乱をおさえたのち、足利尊氏は鎌倉で挙兵して京都へむかいました。一度は敗れて九州へ逃れますが再起し、1336年、**湊川の戦い**で楠木正成を敗北させ京都を征圧しました。ここに建武の新政は崩壊し、後醍醐天皇は京都を逃れて大和国の吉野にたてこもり(**南朝**)、尊氏が京都に擁立した光明天皇(**北朝**)と対立する南北朝時代となりました。

権力を掌中におさめた足利尊氏は、1336年に17カ条からなる**建武式目**を制定し、1338年に征夷大将軍に任命されて室町幕府を開きました。

これに対して南朝は、北畠親房らが抵抗を続け、九州では征西将軍である後醍醐天皇の皇子懐良親王と菊池氏とが北朝軍と戦いますが、しだいに不利になっていきました。

一方、北朝の足利尊氏は弟の直義と二頭政治を行いましたが、**直義**と尊氏の執事である**高師直**とが対立するようになり、1351年、直義は高師直を殺害に及びました。さらに、直義は兄の尊氏とも対立するようになり、1352年、とうとう直義は尊氏によって毒殺されてしまうという事件に発展し、北朝内部の争いが顕在化することになりました。

脆さを孕んでいた室町という時代

■ようやく整った幕府の体制

3代将軍の**足利義満**のころには北朝が南朝を圧倒するようになり、1392年、義満は南朝の後亀山天皇を北朝の後小松天皇に譲位させ、**南北朝の合一**に成功しました。義満は、京都の室町に花の御所をつくり、太政大臣となって権力を強めました。

室町幕府の職制をみると、まず、将軍の補佐役として**管領**があり、足利一門の細川、畠山、斯波の3家から任命されました(**三管領**)。

ついで京都市中の警固や訴訟を扱う侍所の長官である**所司**には、赤松・一色・山名・京極の4家から選ばれ山城国の守護も兼務しました(**四職**)。

地方には、**守護・地頭**をおき、**鎌倉府**や**九州探題**なども設置されました。鎌倉府は関東8カ国と伊豆・甲斐をあわせた10カ国を支配しました。長官の**鎌倉公方**には、足利尊氏の次男基氏がつき、以後、足利氏が世襲しました。鎌倉公方を補佐したのが**関東管領**であり、これには代々、上杉氏がつきました。

●室町幕府の組織

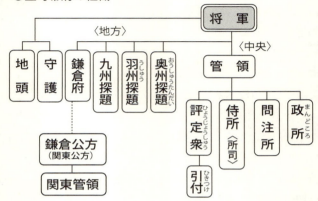

■守護大名が力をつけた理由

　室町時代の守護は、鎌倉時代の守護よりも幕府に対して立場が強かったといわれています。その証拠として、鎌倉時代の**大犯三カ条**のほかに、一方的に稲を刈り取ることをとりしまる**検断権**や幕府の命令を強制的に執行できる**使節遵行権**を室町時代の守護は得ていました。さらに、足利尊氏によって1352年に出された**半済令**によって荘園年貢の半分が守護に与えられ、加えて守護が年貢を請け負う**守護請**も行われました。

　経済力を高めた守護は、次第に領国内の有力武士である**国人**や荘園の中での有力武士である**地侍**などを支配下に

とりこむようになり、自分の国を実質的に支配して**守護領国制**を形成して守護大名へと成長するようになりました。

国人たちは、一般的には守護大名の有力家臣となることが多く、なかには他の国人と連携して守護大名に対して国人一揆を起こす場合もありました。

強大化した守護大名の中には、将軍と対立するものも現われ、幕府を混乱させました。たとえば、**土岐康行の乱**、**明徳の乱**、**応永の乱**などは、足利義満の時代に起きた代表的な守護大名の乱です。土岐康行の乱は、美濃をはじめ尾張・伊勢の守護であった土岐氏が起こした乱で美濃の乱ともいわれます。明徳の乱は、丹後をはじめ一族で11カ国の守護を兼ね、領国が全国の六分の一に相当したので六分一殿とか六分一衆とかといわれた山名氏清と足利義満が争った事件です。また、応永の乱は、周防など6カ国の守護であった大内義弘が和泉国の堺で敗死した事件です。

応仁の乱で幕を開けた激動の世

■11年に及んだ戦いの結末

南北朝の動乱の中で、荘園や郷をひとつの単位とする**郷村制**が成立し、そこに自治的な要素をもつ新しい農村の

形態が生まれました。これが**惣**(村)とよばれるもので、上層階級としての地侍のもと惣百姓たちによって構成されました。おとな(乙名)や沙汰人・番頭とよばれる指導者を中心として自治的に運営が行われました。寄合によって重要事項が決定され、惣の規約である**惣掟**(地下掟)に違反すると村八分などの制裁を受けました。年貢の納入に関しても**地下請**とか**百姓請**とかという惣で請け負う形態をとり、そのかわりに村内の警察権や裁判権(自検断・地下検断)を獲得しました。

　惣の共同利用地である入会地や用水の管理も行い、ときには領主に対して**愁訴・強訴・逃散・一揆**などの抵抗をすることもありました。愁訴とは、年貢の減免などを百姓申状によって領主に嘆願するもので、これが認められないと集団で領主に強圧的に訴える強訴となります。さらに、これでも結果がでない場合、村民はすべてが耕作を放棄して、一時的に他の地域へ退去する逃散という行為に発展します。最後の手段が一揆で、傘連判状などを作成して団結を強め村民全員がひとつになって武力闘争を行うことになります。

　惣の内部には、指導者層による世襲の祭祀組織である宮座も形成され、一揆に際しては母体になったりもしました。

　農民や都市の民衆が母体となった一揆が**土一揆**で、その

中でも借金の帳消しを求めたものが**徳政一揆**です。徳政一揆では、1428年に近江国の坂本の馬借らが中心になって起こした**正長の土一揆**が有名です。1429年には**播磨の土一揆**が起こりましたが赤松満祐によって鎮圧されました。これは、6代将軍であった足利義教が赤松満祐によって暗殺された嘉吉の乱に乗じて「代始の徳政」と称して、徳政を要求したものです。このように、社会のいたるところで混乱が勃発するようになりました。

こうした混乱に対して8代将軍の**足利義政**は、徳政令とひきかえに分一銭を要求しました。これは、徳政令によって借金が帳消しになるのであるからその借金の一分、すなわち10パーセントを幕府に納めよというもので、こうした義政の失政はますます社会を混乱させることになりました。こうした時期、9代将軍の座をめぐって義政の弟の**義視**と義政の妻の**日野富子**の子**義尚**が対立し、義視には管領の**細川勝元**(東軍)が、義尚には有力守護大名の**山名持豊**(西軍)がそれぞれ味方し騒動は拡大していきました。さらに、畠山・斯波といった管領家の家督争いが加わり、東軍・西軍に分かれて1467年、**応仁の乱**が勃発しました。乱は京都から全国へと広がり、戦いは11年間にも及びました。1477年にようやく和議が結ばれましたが京都は焼け野原になり、将軍の権威は地に落ち支配領域は山城1国

1-2

中世

政治

のみというありさまになりました。この結果、権威よりも実力が重視されるようになり、**下剋上**の風潮が強まりました。

■戦国大名の登場

　身分の下のものでも実力さえあれば上のものにとってかわることができるというのが下剋上ですが、その典型としては、1485年、南山城で内紛を起こしていた畠山氏に国人たちが退去をもとめた**山城の国一揆**や1488年に加賀国で一向宗の僧侶や門徒（信者）が守護の富樫政親を攻め殺した**加賀の一向一揆**などがあげられます。また、細川晴元は家臣の三好長慶に追放され、その三好も家臣の松永久秀に滅ぼされました。さらに、大内義隆も家臣の陶晴賢に倒され、陶も毛利元就に滅ぼされました。これらも下剋上の好例といえます。

　こうした世相の中で登場したのが**戦国大名**です。戦国大名は、自分の領国を実力で支配しましたが、その出自をみると大きくいって3グループに分けられます。まず、守護の家系が戦国大名として生き残ったケースでいわば名門の戦国大名といえます。甲斐国の武田氏や駿河国の今川氏はこの代表です。次に守護の代理をつとめた有力家臣である守護代から戦国大名に成長した例があげられます。斯波氏

の尾張国守護代であった織田氏、同じく越前国守護代であった朝倉氏などはその典型です。最後は、出自がはっきりせず低い身分から成り上がったケースでまさに典型的な戦国大名ともいうべき例です。油売り商人から身をおこし美濃国を支配した斎藤道三や伊豆の堀越公方を滅ぼしたあと小田原を拠点とした北条早雲らはその代表といわれます。しかし最近、斎藤道三や北条早雲は下賤の出身ではなかったという見解もでています。

　戦国大名は、有力家臣を寄親として、兵（寄子）をあずけ、軍奉行に統轄させる寄親・寄子制によって軍事力を組織しました。また、**分国法（家法）**をつくり、それによって自分の領国（分国）を支配しました。分国法は、単独相続・喧嘩両成敗・連坐制・縁坐制・私婚の禁止などを特徴としています。

　さらに、戦国大名は支配下の領主たちに土地台帳を差し出させる形式の指出検地や鉱山の開発・城下町の建設などの富国強兵策を行いました。

　戦国大名の富国強兵策は、民衆の間にも自由なムードを生み出し、堺（和泉国）、博多（筑前国）などの港町では財力を背景に自由都市が出現しました。

　応仁の乱で焼け野原と化した京都も豊かな商工業者の民衆によって復興に成功し、祇園祭りが再興されました。

3　近世日本の政治

・・・・・・・・・・・・・・・・・・・・・・・・・・・・・・
戦乱の世をかけぬけた織田信長
・・・・・・・・・・・・・・・・・・・・・・・・・・・・・・

■桶狭間の戦いから天下取りへと突き進む

　戦国大名たちの中で、天下統一へ積極的な動きをみせたのは、尾張の**織田信長**でした。信長が天下にデビューしたのは、1560年、上洛をめざした**今川義元**の25000の軍勢をわずか3000の軍勢で急襲して破り、義元を敗死させた**桶狭間の戦い**です。さらに、一躍頭角をあらわした信長は、1567年には稲葉山城の戦いで斎藤竜興を破り、稲葉山城を岐阜と改名して居城としました。

　斎藤竜興は、油売商人から身をおこし美濃を領国とした斎藤道三の孫で、斎藤家は道三・義竜・竜興の3代で滅亡にいたりました。

　織田信長は、城下町の加納（美濃）で**楽市・楽座令**を出して商工業者たちの自由な活動を認め、その一方で「**天下布武**」の印判を用いて従わない者は武力でなぎ倒すという

方針をとりました。

1568年、信長は、前将軍足利義輝の弟義昭を奉じて入京し、義昭を15代将軍としました。そして、1570年、**徳川家康**と連合して**朝倉義景・浅井長政**の連合軍を**姉川の戦い**で破り、その翌年、朝倉・浅井と結んでいた**延暦寺を焼き討ち**しました。

こうした信長の専横化に反発した将軍義昭は、しだいに信長と対立するようになりました。信長は1573年、ついに足利義昭を京都から追放し、ここに室町幕府は滅亡にいたりました。

信長は、1570年から11年間、**石山本願寺**の**顕如**と**石山合戦**を起こして争いました。顕如は各地の一向宗の門徒たちに信長と戦うように命じ、**伊勢長島の一向一揆**などが起こりましたが、信長はこれらを平定し、ついに顕如を石山本願寺から退去させることに成功しました。

さらに信長は、1575年の**長篠の戦い**で、最強の騎馬軍団を誇る**武田勝頼**を、徳川家康と連合して3000丁の鉄砲をもたせた足軽鉄砲隊で迎え撃ち、武田軍を撃破しました。そして、翌年、近江に**安土城**を築いて天下統一をめざしました。安土城は、五層七重の構造をもち、屋根瓦には金箔が貼られていたといい、まさに信長の権力のシンボルでした。

■**本能寺でむかえた最期**

　1582年、信長は**天目山の戦い**で、ついに武田氏を滅ぼしました。ついで、中国の毛利攻めに出ていた**羽柴秀吉**を助けるために出陣し、その途中、京都の本能寺に滞在中、家臣の**明智光秀**に襲われて自害しました。これが**本能寺の変**で、このとき信長の息子で二条御所にいた信忠も自害に追い込まれました。信長は、京都を中心に近畿を制圧し、徳川家康と同盟して東を押さえ、北陸には重臣の柴田勝家を派遣しており、残る西の毛利氏を平定すれば全国統一がほぼ完成するという矢先の死でした。

安土城址

豊臣秀吉は天下統一をいかに成し遂げたか

■信長亡き後の秀吉の動き

本能寺の変が起きたとき、羽柴秀吉は中国攻めで備中の高松城を水攻めにして包囲していましたが、すぐに毛利氏と和睦して山城へとって帰り、**山崎の合戦**で明智光秀を破りました。主人の織田信長の敵を討った秀吉は、信長の後継者として頭角をあらわし、ついで**賤ヶ岳の戦い**で織田家の重臣**柴田勝家**を破って後継者の地位を確実なものとしました。

1584年、秀吉は信長の次男信雄と結んだ徳川家康と**小牧・長久手**で戦いましたが、講和を結び、翌年、**長宗我部元親**を服属させて四国平定に成功しました。

秀吉は、1585年、関白となり、戦国大名たちに平和をよびかける**惣無事令**を発しました。ついで、翌年には太政大臣となり、後陽成天皇から豊臣の姓を与えられました。1587年には惣無事令に違反したとして**島津義久**を攻め、九州平定にも成功しました。

1588年、京都に**聚楽第**を新築した秀吉は、その翌年に後陽成天皇を招き、徳川家康をはじめとする諸大名に、天皇と秀吉への忠誠を誓わせました。

さらに、1590年、惣無事令に従わず関東を支配していた**後北条氏**(鎌倉時代の北条氏に対して、北条氏綱以降を後北条という)の氏政・氏直父子を征討するため秀吉は関東へ軍勢をむけ、小田原城を包囲しました。後北条氏は、戦国時代の雄の1人である**伊勢長氏(北条早雲)**が小田原に居城をかまえてから、2代氏綱・3代氏康と続きこのとき関東の支配権を掌握しました。さらに、4代氏政・5代氏直とうけ継がれましたが、秀吉の**小田原攻め**で降伏、氏政は切腹し氏直は高野山へ追放され後北条氏は5代で滅亡ということになりました。

　この小田原攻めの最中に、奥州に勢力をもっていた**伊達政宗**が秀吉の陣へかけつけ服属したので、小田原攻めをもって秀吉の天下統一が完成しました。後北条氏が滅亡したのち、豊臣秀吉は奥州の諸大名たちの処置を決定して奥州平定をなしとげました。これによって、100年あまりに及んだ戦国時代にピリオドが打たれました。

・・・・・・・・・・・・・・・・・・・・・・・・・・・・・・・・

豊臣秀吉はどのような内政政策をとったか

・・・・・・・・・・・・・・・・・・・・・・・・・・・・・・・・

■**兵農分離の確立**

　豊臣政権の権力基盤としては、まず**直轄領**があげられ

ます。直轄領は蔵入地の他に京都・大坂・伏見などの主要都市や堺・長崎といった貿易都市を直轄にして、これらの都市の豪商を支配下に置きました。

茶道の三宗匠といわれる**千利休・今井宗久・津田宗及**はいずれも堺の豪商です。**島井宗室**や**神谷宗湛**は博多の豪商として知られ、秀吉の朝鮮出兵を援助しました。

また、秀吉は佐渡の**相川金山**、石見の**大森銀山**、但馬の**生野銀山**などの主要な鉱山もすべて直轄にしました。

戦国時代の農民たちは落ち武者狩りなどによって武器を手に入れて土一揆のさいに使ったので、秀吉はこれをなくすために**刀狩**を行いました。1588年、京都の方広寺の大仏造立の名目で刀狩令を出し、百姓から武器をとり上げました。

また、1591年に発布された**人掃令(身分統制令)** は、武士が百姓や町人になることや百姓の転業を禁じたもので、身分の固定化が進められ**兵農分離**が確立しました。また、翌1592年の人掃令にもとづき、村ごとに戸数・人数を調べる全国規模の戸口調査が行われ、朝鮮出兵のさいの動員準備の役割もはたしました。

初期の豊臣政権は、秀吉による独裁政権でしたが、晩年になると有力大名を大老として重要政務の合議を行わせ、子飼いの大名を五奉行として政務を分担させました。

大老は、徳川家康を筆頭に、**前田利家・毛利輝元・小早川隆景・宇喜多秀家・上杉景勝**で、小早川隆景の死後は**五大老**とよばれました。五奉行は、秀吉の妻の妹婿である**浅野長政**を首座として、**増田長盛・石田三成・前田玄以・長束正家**を構成メンバーとし、浅野は検地、前田は公家や寺社の政務関係を担当し、石田は文吏派の代表として内政をまかされました。

・・・・・・・・・・・・・・・・・・・・・・・・・・・・・・
関ヶ原の戦いから幕藩体制の確立まで
・・・・・・・・・・・・・・・・・・・・・・・・・・・・・・

■江戸幕府の統治の仕組みとは

　豊臣秀吉の死後、徳川家康の勢力が台頭し、1600年、**関ヶ原の戦い**で、毛利輝元を盟主とする豊臣方の**石田三成**(西軍)に**徳川家康**(東軍)は勝利をおさめました。その勢いに乗じて、1603年、家康は征夷大将軍となり、江戸に幕府を開きました。

　その2年後の1605年、家康は将軍職を子の秀忠に譲り、将軍職が徳川家の世襲であることを天下にみせつけました。

　自らは大御所となった家康は、**大坂冬の陣**(1614年)をおこし、さらに翌年に**大坂夏の陣**をしかけて豊臣秀頼を攻め、豊臣氏を滅ぼしました。

江戸幕府は、将軍と大名が主従関係で結ばれ、幕府と藩が土地・人民を支配する**幕藩体制**をとっていました。

　幕府は、400万石の直轄領（天領・幕領）と300万石の**旗本領**を所有していました。これらの合計700万石は、当時の全国の総石数の約4分の1にも相当していました。このほかに、江戸をはじめ大坂・京都・長崎・堺や相川金山・生野銀山・大森銀山なども直轄としました。

　将軍の直属軍には、将軍に直接会うことのできる**旗本**とそれができない**御家人**とがいて、その数は俗に旗本8万騎といわれましたが実数はそれほどではありませんでした。

　幕府の最高職は**大老**ですが非常時にだけおかれることになっており、ふだんは**老中**が幕政を担当し、**若年寄**が補佐しました。重要事項は、**評定所**で老中・三奉行（寺社・町・勘定）らが合議して決定しました。地方には、朝廷と西国大名を監視する**京都所司代**や**大坂城代**などがおかれました。

■大名の統制

　1万石以上の家臣を大名といいますが、幕府は大名を徳川一門の**親藩**・三河以来の家臣の**譜代**・関ヶ原以後の家臣の**外様**の3グループに分類しました。親藩には、尾張・紀伊・水戸の**御三家**や田安・一橋・清水の**御三卿**、越前松

●幕府の職制

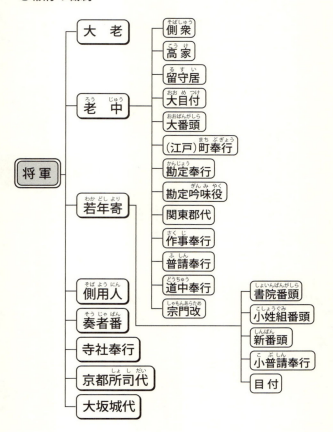

平や会津松平などの御家門があり、譜代には井伊・水野・堀田など、外様には前田・伊達・島津・毛利などがありました。

大名は家臣に対して、当初、領地を与えていましたが(地方知行制)、しだいに蔵米を与える俸禄制へとかわっていきました。

幕府は、これらの大名の統制のため、一国一城令や武家諸法度を発布しました。家康の命をうけて金地院崇伝が起草し、2代将軍秀忠の名で出された元和令(1615年)が最初の武家諸法度で、以後、将軍の代替わりごとに発布されました。3代将軍家光のとき、林羅山が起草した寛永令(1635年)で参勤交代が制度化され、大名の負担が増加することになりました。

■朝廷・寺社・民衆の統制

幕府は大名のみならず、朝廷・寺社や民衆にいたるまで統制を行いました。

朝廷に対しては京都所司代を置くとともに、武家伝奏とよばれる職をつくり、幕府と朝廷のパイプ役としました。1615年には禁中並公家諸法度を出して天皇が高僧に与える紫衣や上人号を制限しました。このことがのちに、後水尾天皇が与えた紫衣を幕府がとりあげるという紫衣事件

に発展していくことになります。さらに事件は大きくなり、幕府に抗議した大徳寺の沢庵が1629年に出羽に流されるという事態になり、これに怒った天皇は突然に退位し、中宮の徳川和子（東福門院）との間の娘明正天皇に譲位してしまいました。

幕府は寺院に対しては、1615年に**寺院法度**を出して取り締まり、**本山・末寺の体制**（**本末制度**）をとりました。さらに、キリスト教を禁止するために檀那寺を決めこの檀那（信者）になる**寺請制度**や**宗門改帳**を出させる宗門攻めを民衆に強制しました。

神社については、幕府は1655年の**諸社禰宜神主法度**によって統制を加えました。

一方、農民に対しては、幕府は厳しい統制の目を向けました。それは、幕藩体制を経済的に支えていたのが他ならぬ農民であったからです。農民は、土地をもつ本百姓と土地をもたない水呑百姓とに分かれ、村の政治に参加できたのは本百姓だけでした。村政は、**名主**（**庄屋・肝煎**）・**組頭・百姓代**からなる村方三役を中心に運営され、年貢の納入は**村請制**といって村単位で請け負いました。

農民は、五人組によって連帯責任を負わされ、結・もやいなどとよばれる労働力の助け合いで生活がなり立っていました。村の規則である**村掟**（**村法**）は絶対的で、これを

破ると村八分などにされました。

　農民に対して町人の統制は思いのほかゆるやかなものでした。町人とは、士農工商という江戸時代の身分制度の下位の工（職人）と商（商人）にあたります。身分が賤しいとされる分、統制も厳しくなかったのです。

　町人は、**地主・家持**と**地借・店借（借家）**の階層があり、**町年寄・町名主**などが町政を運営しました。宅地税である地子銭は免除されることが多く、ほかには**運上・冥加**といった営業税が課される程度でした。

武断政治から文治政治への転換

■政治方針の転換をはかる

　家康・秀忠・家光の3代は武断政治をおし進めたので、大名の**改易・転封・減封**があいつぎ、そのため主人を失った牢人や秩序に逆らうかぶき者が増加しました。その結果、1651年、牢人たちが討幕をくわだてるという**由井正雪の乱（慶安の変）**をひき起こしました。

　こうした中、1651年、家綱が4代将軍につくと、文治政治へと政治方針が転換されました。その理由としては、牢人の増加防止に加えて、幕政が3代家光までで確立された

ことや、将軍家綱を補佐した**保科正之**が好学大名だったためです。保科正之は、家光の異母弟であり、儒教を好む代表的な好学大名の1人でした。その結果、家綱は末期養子の禁を緩和して、50歳以下の大名には末期養子を認めることにしました。また、人質と殉死を禁止しました。これらは寛文の二大美事とよばれます。

■ 5代将軍綱吉の政治をどう読むか

家綱のあとを継いだ綱吉の時代は文治政治がいっそう進展しました。綱吉は儒教を好み、**天和令（武家諸法度）**を出し、初期には大老**堀田正俊**の補佐をうけて善政をおこない天和の治と称されました。また、湯島に聖堂・学問所を建て、儒者として代々幕府に仕えていた林家の3代目 林信篤（鳳岡）を大学頭に任じました。

しかし、綱吉は世嗣に恵まれないことなどからしだいに仏教に帰依し、1685年には**生類憐れみの令**を出したり、側用人の**柳沢吉保**を重用したりして、後半の政治は乱れたものになりました。さらに、家綱のときに起きた**明暦の大火（振袖火事）**の復興費や護国寺などの建立費は大きな財政負担となり、1695年、勘定吟味役の荻原重秀の意見をいれて貨幣改鋳を実施しました。それまでの慶長金銀の質を落として元禄金銀にかえて、その出目（差益）を得ま

したが、これはインフレーションを招く原因となりました。

■新井白石の時代——正徳の治

綱吉のあと、6代将軍家宣・7代将軍家継を補佐した儒学者の**新井白石**は、侍講として側用人の**間部詮房**とともに**正徳の治**を行いました。まず、勘定奉行に出世していた荻原重秀を罷免して、元禄金銀にかえて良質の正徳金銀を鋳造しました。1715年には**海舶互市新例**（**長崎新令・正徳新令**）を出し、長崎貿易を制限し支出を抑えようとしました。また、朝鮮通信使の接待を簡素化して節約につとめましたが、その一方で、朝鮮の親書に将軍のことを「大君」とあったのを「国王」に改めさせるなど（大君一件）、大義名分を重んじる儒学者の一面もみせています。さらに、困窮していた天皇家のために**閑院宮**家を創設して禄高をつけるということもしています。

幕府の文治政治は諸藩にも影響を与えました。会津藩では、藩主の保科正之が朱子学者の**山崎闇斎**を招き、15カ条からなる「家法」の制定や漆・蠟の専売による財政の建て直しをはかりました。水戸藩主の**徳川光圀**は明の学者の朱舜水に学び、彰考館を設置して『**大日本史**』の編纂に着手するとともに、紙の専売などを行いました。金沢藩では、藩主**前田綱紀**が朱子学者の**木下順庵**を招いて農政改革を

実施しました。また、古文書の保存や整理にも尽力しました。岡山藩主の**池田光政**は陽明学者の**熊沢蕃山**を登用して改革をおこない、藩校**花畠教場**や**郷学閑谷学校**をひらき教育の向上をはかるとともに新田開発などを行いました。

武士の困窮化と徳川吉宗の登場

■享保の改革とはなんだったか

　江戸時代の商業の発展、それにともなう貨幣経済は武士階級を困窮化へと追いこみました。武士は俸禄として米をもらい、それを換金して生活していました。したがって、貨幣経済が進みインフレ傾向になった場合、米の値上がりが他の物資の値上がりに追いつけないと武士は実質的に減収になるわけです。江戸時代、武士は上級も下級も時代の経過とともに困窮度を増していきました。

　したがって、生活の苦しさは大名も同様であり、家臣の俸禄を借り上げる**借知**を行う藩もあり、なかには借り上げ率が50パーセントになる**半知**を実施する藩もでました。こうした風潮のなか、1716年、紀伊藩主の徳川吉宗が8代将軍となり、**享保の改革**を始めました。

　吉宗は、それまでの文治政治を改め、初代将軍家康の政

治を理想として武断政治の立場をとりました。ついで、人材の登用をはかり、**大岡忠相**(町奉行)、**神尾春央**(勘定奉行)、**松平乗邑**(老中)らを登用し、**荻生徂徠**、**室鳩巣**を侍講にするとともに、『民間省要』を献上した川崎宿の名主である**田中丘隅**を抜擢しました。

吉宗は、物価の安定、とくに米価の安定に努力し、株仲間や堂島の米市場を公認してそれらの統制をはかったので、吉宗は**米将軍**(米公方)とよばれました。

貨幣は、初めのうちは良貨の享保金銀を出しましたが、のちには米価の上昇をはかって質の悪い元文(文字)金銀を発行しました。

■財政再建に力をつくす

吉宗は何よりも財政の再建に力を入れ、**倹約令**を出すとともに、大名1万石につき100石を上げ米として取り上げ、そのかわり参勤交代のさいの諸大名の江戸滞在期間を半減しました。農民に対しては、年貢のとり立て方を従来の検見法から**定免法**に改め、税率も四公六民から五公五民に引き上げました。新田開発を奨励し米の増産をめざす一方、甘藷や櫨、朝鮮人参などの栽培をすすめ実学を奨励しました。そのひとつとして、漢訳洋書の輸入制限を緩和して、**青木昆陽**、**野呂元丈**らに蘭学を学ばせました。

困窮した旗本や御家人を救うために**相対済し令**を発布しました。この法令は、借金に関する訴訟を幕府がとり扱わないというもので、ここまでしなくては旗本や御家人は救われなくなっていたのです。

　人材を登用するためには**足高の制**をつくりました。江戸幕府は職に対して手当を決め、いったん与えた手当は職を離れたあとも支払われ続けました。そのため、簡単に人材を抜擢することはなかなかできませんでした。そこで吉宗は、在職期間中のみ手当を支払うことにしたのです。

　また、評定所の前に民衆の意見をきくために**目安箱**を置き、さまざまなことを投書させました。これによって、**小石川養生所**などがつくられました。また、裁判の基準を明確にするために『**公事方御定書**』を制定し、連座制を緩和しました。

田沼意次の政治から寛政の改革まで

■田沼政治の功罪

　享保の改革は、幕府にとっては一定の成果があり、吉宗は江戸幕府中興の祖といわれます。しかし、享保の改革の基本は年貢の増徴であったため、小百姓層はいっそう困窮

化を強いられました。それに追い打ちをかけたのが1732年の**享保の飢饉**です。この頃の百姓一揆は大規模化し、**嘉助騒動**(信濃)や**元文一揆**(陸奥)が発生しました。

　吉宗のあと、9代将軍家重・10代将軍家治の時代に頭角を現わしたのが**田沼意次**です。意次は側用人から老中になり、子の意知も若年寄になりました。

　意次は積極経済を展開し、株仲間を認めて運上・冥加の増収をはかりました。また、印旛沼・手賀沼(下総)の干拓を試みましたが、計画が大規模すぎてうまくいきませんでした。

　幕府も銅座・真鍮座・朝鮮人参座などの専売を行い、また、定量(計数)貨幣で8枚で1両とする南鐐二朱銀を鋳造したりしました。長崎貿易にも積極的で、俵物(いりこ・ほしあわび・ふかひれ)の輸出をめざしました。蝦夷地にも関心を示し、工藤平助の『赤蝦夷風説考』に触発されて、最上徳内を派遣しました。

　田沼意次の積極的な経済政策は評価すべき点もあります。しかし、商人資本との結びつきは賄賂を生み出すもとにもつながり、加えて**浅間山の噴火・天明の飢饉**などにみまわれ、子の意知が江戸城中で佐野政言に刺され、それがもとで死んだこともあり退陣に追い込まれました。

■寛政の改革とはなんだったか

　田沼時代の腐敗政治のあと、11代将軍家斉のもと、白河藩主の**松平定信**が老中となり**寛政の改革**を行いました。定信は御三卿のひとつである田安家の出身で徳川吉宗の孫にあたる人物です。定信は祖父の吉宗の享保の改革を手本にして、旗本・御家人の借金救済策として**棄捐令**を出しました。これは、6年以前の借金は帳消しにするという法令で、旗本・御家人に金を貸していた札差らに大打撃を与えましたが、本当は札差からのその後の借金の手段を失った旗本や御家人が困ることになりました。

　飢饉対策としては、**社倉・義倉・常平倉**をつくらせ、大名には1万石につき50石の割合で籾米を貯蔵させる**囲米**を命じました。江戸の町人には町費の倹約を求め、その節約分の7割を積み立てる**七分積金**を命じました。また、石川島に無宿人を収容する**人足寄場**をつくり、技術を身につけさせる工夫をしました。都市に流れこんできた農民には、**旧里帰農令**を出してそれぞれの国へ帰ることを奨励しました。

　思想・教育面では、寛政異学の禁を出して、聖堂学問所では朱子学以外の学問を禁止しました。また、1797年、聖堂学問所を**昌平坂学問所**として整備しました。

　寛政の改革は、松平定信の人柄をあらわしたような厳格

な改革でしたが、その割には成果が上がらず成功とはいえませんでした。

大御所時代の混乱から天保の改革まで

■社会の混乱をもたらした家斉の時代

　松平定信を退けた11代将軍**家斉**（いえなり）は、**家慶**（いえよし）に将軍職を譲ったのちも大御所として政治を続けました。この時代を**文化・文政時代**（**化政時代**）とか**大御所時代**とかとよんでいます。家斉は華美を好み放漫政治を行ったため、社会は混乱しました。

　1832年から**天保の飢饉**がおこり、百姓一揆があいつぎ、都市では打ちこわしが多発しました。

　1837年、大坂町奉行所の元与力であった陽明学者の**大塩平八郎**（おおしおへいはちろう）が乱をおこしました。この**大塩の乱**は半日で平定されましたが、幕府は大きなショックをうけました。それは、一揆の場所が天下の台所といわれた大坂であったこと、リーダーの大塩が元役人であったことなどによるものです。

　また、大塩の乱は、越後の柏崎で、大塩の弟子を自称する**生田万**（いくたよろず）が乱をおこすなど全国へ波及していきました。

　こうした社会の混乱を背景として、1841年、12代将軍

家慶のもと、老中**水野忠邦**(みずのただくに)が享保・寛政の改革を手本として**天保の改革**を始めました。**倹約令**を出し、支出を抑え、物価上昇の原因は商人たちの独占化にあるとして株仲間を解散させました。地方から江戸へ流れこんだ農民に対しては**人返し法**(ひとがえし)を出して強制的に国へ帰らせました。民衆に対しては風俗取締令などによって厳しい政治を行いました。しかし、江戸と大坂の周辺地を直轄地にしようとした**上知(地) 令**は、譜代大名や旗本たちの反対をうけて、水野自身も失脚に追い込まれました。

■幕府の混乱と困窮が諸藩に与えた影響

　幕府の混乱、困窮は当然のことながら諸藩にも大きな影響を与えました。大方の藩は改革に失敗し、崩壊への道を歩んでいきましたが、なかには改革によって財政再建に成功する藩もありました。これらの藩が幕末に雄藩として台頭し、幕府を倒す原動力になっていきます。

　財政再建ということでは、まず、薩摩藩があげられます。薩摩藩では、**調所広郷**(ずしょひろさと)が500万両あった藩債を250年賦として、事実上の帳消しに成功します。その上で、砂糖の専売や琉球貿易によって財政をたて直しました。藩主**島津斉彬**(なりあきら)は、鉄をつくる反射炉(はんしゃろ)や鹿児島紡績工場を含む工場群(集成館)をつくりました。

薩摩と並んで改革を成功させた長州藩では、**毛利敬親**に登用された**村田清風**が藩債を整理し、北前船や廻船の商品をあつかう越荷方や紙・蠟の専売によって財政を再建しました。

　肥前藩では藩主の**鍋島直正**が、均田制によって本百姓の再生をめざし、有田焼の専売によって財政のたて直しをはかりました。また、直正は日本で初の反射炉をつくったことでも知られます。土佐藩でも、おこぜ組とよばれる下級武士を中心とする改革派が台頭しました。

　それ以外でも、水戸藩の**徳川斉昭**、福井藩の**松平慶永**、宇和島藩の**伊達宗城**らが活躍し、彼らは幕末の名君と称されました。

　幕府も**江川太郎左衛門**に伊豆の韮山に反射炉をつくらせ、横須賀に製鉄所を建設したりしました。

260年の歴史に幕を下ろした江戸幕府

■不穏な時代の不穏な事件の数々

　13代将軍の**家定**の死後、将軍継嗣問題が起きました。徳川斉昭・松平慶永・島津斉彬ら**一橋派**は**一橋慶喜**を推しました。これに対して、**井伊直弼**を中心とする譜代大名た

1-3

近世

政治

ちで構成される**南紀派**は紀伊藩主徳川慶福を立てて対抗しました。

結局、非常時ということで大老になった井伊が強引に慶福を14代将軍とし、慶福は名を家茂とあらためました。井伊はさらに、天皇の勅許を得ずに**日米修好通商条約**に調印したため、尊皇派から猛反発をうけました。すると井伊は、反対派の**橋本左内**や**吉田松陰**を死刑にするなどして大弾圧を加えました(**安政の大獄**)。

安政の大獄の反動として1860年、**桜田門外の変**が起こり、井伊直弼が水戸浪士らによって暗殺されました。井伊のあと政権を担当した老中**安藤信正**は、朝廷(公)と幕府(武)とがともに協力しあうという**公武合体運動**を進め、その具体化として、孝明天皇の妹**和宮**を将軍家茂の夫人としました。しかし、これも尊皇派の反発をうけて、安藤は**坂下門外の変**で襲われて失脚してしまいました。

そののち、薩摩の**島津久光**が公武合体を推進し、1863年、勅使大原重徳とともに江戸へ下り、文久の改革を実施しました。しかし、その帰路、**生麦事件**を引き起こし、イギリスと対立しました。その結果、1863年、イギリス艦隊が鹿児島湾に攻め寄せ薩英戦争が勃発しました。しかし、この戦争後、おたがいの実力を認めあった薩摩とイギリスとは逆に急接近するようになっていきました。

一方、長州は、攘夷決行日と定められた1863年5月10日に下関で外国船を砲撃しましたが、諸藩で外国船を砲撃したのは長州のみでした。また、京都では**八月一八日の政変**で薩摩・会津両藩によって京都から追放され、このとき長州派とされていた**三条実美**ら7人の公卿も京都を追われました(七卿落ち)。

京都を追われた長州にとってさらに痛手だったのは、**池田屋事件**で長州をはじめとする尊皇勢力が新選組に急襲され大打撃を受けたことでした。京都での影響力の低下を挽回するために、長州は軍勢を上洛させましたが、逆に会津・薩摩らの兵力によって**禁門の変**(**蛤御門の変**)で敗退させられてしまいました。さらに、前年の外国船砲撃の報復として1864年に**四国艦隊下関砲撃事件**が起き下関を占領されるという事態が起こりました。

こうした長州藩の動きをみた幕府は、諸藩に**第1次長州征討**を命じました。勢力の衰えていた長州には、幕府をはじめ薩摩などの諸藩からなる征討軍をむかえ打つことなどできるはずはなく恭順の態度をとるより他はありませんでした。しかし、このころから長州にも変化がみえはじめ、騎兵隊の**高杉晋作**や**桂小五郎**(**木戸孝允**)らが台頭し藩政を掌握するようになりました。

幕府は、第1次長州征討が成功したのをうけて、翌1865

年に**第2次長州征討**の命令を諸藩に発しましたが、土佐の**坂本龍馬・中岡慎太郎**の仲介で**薩長連合**が結ばれ、薩摩が秘かに長州を支援したこともあって、第2次長州征討は幕府の失敗に終わりました。

■大政奉還にいたるまでの経緯

　第2次長州征討の失敗は、幕府の弱体ぶりを天下に示すことになりました。そうした状況の中、坂本龍馬が後藤象二郎に示した「**船中八策**」を前土佐藩主の**山内豊信（容堂）**がとり入れて将軍**徳川慶喜**を説得しました。その結果、1867年10月14日に15代将軍であった徳川慶喜は征夷大将軍の職を返上し幕府を閉じることを朝廷に申しでました（**大政奉還**）。その日は、ちょうど岩倉具視の画策で薩・長両藩に討幕の密勅がでた日でもありました。

　慶喜の大政奉還をうけて、12月9日に**王政復古の大号令**が発せられ、幕府・摂政・関白が廃止となり、**総裁・議定・参与**の三職がおかれました。また、同日に**小御所会議**が開かれ、慶喜の辞官納地が決定されました。

4　近現代の日本の政治

近代日本誕生──明治政府の成立と展開

　1868年1月、**鳥羽・伏見の戦い**に勝った官軍は、江戸征討に向かいました。官軍は江戸開城をなしとげたのち、**上野戦争**で**彰義隊**を鎮圧し、さらに軍を北へ進め、**奥羽越列藩同盟**を崩壊させました。旧幕府の抵抗は、1869年5月の**五稜郭の戦い**で**榎本武揚**が降伏して終わりました。

　1868年、明治政府は官吏を対象として**五箇条の(御)誓文**を公布しました。ここでは、公議世論の尊重・開国和親など「御一新」的な考えを強調しましたが、民衆に対しては、五榜の掲示をかかげ、五倫の重視・徒党や強訴の禁止・キリスト教禁止など旧幕府と同じ態度をとりました。

　政府の組織は、政体書を制定して、アメリカの三権分立制を模倣しましたが、1869年に二官六省制、1871年に三院八省制へと修正されつつ維持されました。

　江戸は東京と改められ、**一世一元の制**が立てられました。

政府は1869年、大名らから領地（版）、良民（籍）をとり上げる**版籍奉還**を行い、大名を知藩事に任命して家禄を与えました。ついで、1871年に薩摩・長州・土佐から1万人の御親兵をつのって**廃藩置県**を行い、知藩事を罷免して中央から府知事・県令を派遣するシステムに切りかえました。

軍制では、**大村益次郎**が発案した国民皆兵を**山県有朋**が継承・発展させました。1872年に徴兵告諭を出し、翌1873年に**徴兵令**を実施しましたが、農民たちの反対が強く**血税一揆**が起きました。

士・農・工・商という身分制度は廃止され**四民平等**となりましたが、かわって華族、士族、平民による戸籍法が制定され、1872年に**壬申戸籍**が編成されました。華族と士族とには家禄が支給されたものの財政を圧迫したため、1873年に**秩禄奉還**の法が定められ、1876年には金禄公債証書を与えて**秩禄処分**を実施しました。同年には**廃刀令**も出され士族たちの特権は次々に廃止されていきました。

・・・・・・・・・・・・・・・・・・・・・・・・・・・・・・・・・・
自由民権運動は何を目指したか
・・・・・・・・・・・・・・・・・・・・・・・・・・・・・・・・・・

■活発化した反政府運動

1873年の**明治六年の政変**で下野した征韓派参議らを中

心に、反政府運動が活発化しました。

そのひとつは不平士族の反乱で、江藤新平の佐賀の乱にはじまり、神風連の乱、秋月の乱、前原一誠の萩の乱と続き、1877年の西郷隆盛の西南戦争まで続きました。もうひとつの動きは自由民権運動です。

板垣退助、後藤象二郎ら8

板垣退助

人は1874年、立法の諮問機関である左院に民撰議院設立建白書を提出しました。板垣は、出身地である土佐で片岡健吉らと立志社をつくり、翌1875年、大阪で愛国社を結成しました。

1875年、政府の大久保利通が台湾出兵に反対して下野していた木戸孝允と板垣退助の3人で大阪会議を開きました。

この会議の結果、立憲政体樹立の詔が出され、元老院・大審院の設置と地方官会議の召集を条件に、2人を政府に復帰させ、自由民権運動をおさえこみました。さらに、新聞紙条例・讒謗律を制定して、弾圧を強化しました。

■明治十四年の政変とは何か

　自由民権運動は、1877年に**立志社建白**を出し、1880年に**国会期成同盟**を結成して勢いをもり返しました。これに対して、政府は**集会条例**を定めて対抗しましたが、政府内部からも参議**大隈重信**の国会即時開設の主張などがあり、動揺が広がりました。参議**伊藤博文**は1881年、国会開設の勅諭で10年以内の国会開設を公約すると同時に、大隈一派を罷免して薩長藩閥政権を確立しました（**明治十四年の政変**）。

　自由民権派は、国会開設にそなえて**自由党・立憲改進党**などの政党を結成しましたが、デフレ政策をとる**松方財政**によって困窮した農民が自由党をまきこんで**福島事件、高田事件、群馬事件、加波山事件、秩父事件、大阪事件**などの激化事件をおこし弾圧されたため自由民権運動は衰退していきました。こうしたなか、1886年、自由党の**星亨**がこの大同団結運動を唱え、後藤象二郎がこの運動の中心的人物として活躍しました。翌年には、片岡健吉らが**井上馨**外相の**鹿鳴館外交**を批判して、外交失策の回復・地租軽減・言論集会の自由の3つを要求する**三大事件建白運動**をおこしました。こうした自由民権運動の高まりに対して政府は、**保安条例**を出して取締りを強化して対抗しました。

大日本帝国憲法に基づく新たな国家の仕組み

1890年の国会開設にむけて、民間ではいろいろな憲法私案である私擬憲法がつくられました。なかでも、**交詢社**の**「私擬憲法案」**や立志社の**「日本憲法見込案」**は有名です。また、**植木枝盛**は抵抗権・革命権をもりこんだ**「東洋大日本国国憲按」**を起草し、これは最も民主的な私擬憲法といわれています。植木はさらに**「日本国国憲按」**も起草しています。

明治政府は、1882年、憲法調査のために**伊藤博文**をヨーロッパへ送りました。伊藤は、ベルリン大学のグナイスト、ウィーン大学のシュタイン、グナイストの弟子のモッセからドイツ流の憲法を学び、帰国ののち制度取調局においてドイツ人法学者ロエスレルの助言をうけつつ**井上毅**、**金子堅太郎**、**伊東巳代治**らと

伊藤博文

山県有朋

憲法の作成にとりかかりました。1884年には華族令を制定して、国会での上院(貴族院)開設の準備を始めました。1885年、それまでの太政官制を廃止して内閣制を創設して、伊藤自ら初代首相になりましたが、1888年に天皇の諮問機関である**枢密院**ができると、首相を**黒田清隆**に譲り、枢密院議長になりました。憲法草案は、枢密院で天皇臨席のもと審議され、1889年2月11日に天皇が制定して国民に与えるという**欽定憲法**の形式で**大日本帝国憲法**として発布されました。

大日本帝国憲法は、**統帥権の独立・緊急勅令・戒厳令**など強大な**天皇大権**が規定されていました。帝国議会は、貴族院と衆議院とからなり、立法権を与えられました。

また、憲法制定と前後して皇位継承などを規定した皇室典範などの諸法典も制定されました。

地方制度も整備され、**山県有朋**を中心にして、来日したモッセの助言をうけて、1888年に市制・町村制、1890年に府県制・郡制が公布されました。

民法はフランス人のボアソナードが起草しましたが、その実施をめぐって延期派と断行派とが**民法典論争**をくり広げました。結局、実施は無期延期となり、かわって1896年と1898年に戸主権の強いドイツ的な民法が実施されました。

初期の議会の動きと日清戦争

■超然内閣の成立から日清戦争まで

大日本帝国憲法の公布と同時に衆議院選挙法も公布されました。**黒田清隆**首相は、政党と同調しないという超然主義演説を行い、この姿勢は1890年に初の総選挙を実施して第1回帝国議会（第一議会）を召集した第1次山県有朋内閣にも踏襲されました。

しかし、議会（衆議院）は、政府を支持する**吏党**に対して、過半数を占める反政府派の**民党**が民力休養（地租軽減）、経費節減（軍事費削減）を要求して政府と激しく対立しました。

内閣は、土佐出身の民党議員を買収して、からくも軍拡予算を成立させるといったありさまでした（土佐派の裏切り）。

民党優位の状況は、第二議会でも変わりませんでした。

第1次松方正義内閣の海相樺山資紀は、軍事予算の削減要求に対して藩閥政府を擁護する蛮勇演説を行い、民党の批判をあびました。

これがもとで、内閣は議会を解散して第2回総選挙となりました。このとき内相であった品川弥二郎が大規模な選挙干渉を行い民党を弾圧したのにもかかわらず、民党が勝利したため第三議会のあと第1次松方正義内閣は引責辞職に追いこまれました。

松方内閣が倒れたあと、第2次伊藤博文内閣が成立しました。伊藤内閣は、松方正義 (蔵相)、井上馨 (内相)、山県有朋 (法相)、黒田清隆 (通信相)、陸奥宗光 (外相) などいずれも実力者ぞろいで構成されたので元勲内閣といわれます。伊藤はこうした強力な体制をとるとともに、天皇の詔勅をたくみに使って軍事費の拡張を行いました。

しかし、第五議会では、大日本協会、国民協会、立憲改進党などの六会派による対外硬派連合 (硬六派) が不平等条約の改正を主張して政府を攻撃し、議会は解散しました。1894年の第六議会でも政府弾劾上奏が可決され、政府は議会を解散しました。この直後に、日清戦争が勃発し(1894年)、政府と民党の対立は一時、中断となりました。

日清戦争に勝利した後、第2次伊藤博文内閣は、内相に板垣退助をむかえ、自由党との提携をはかりました。次の

第2次松方正義内閣は、進歩党の大隈重信を外相にむかえ松隈内閣と称されました。このように政府と政党との妥協によって、政局は新しい局面をむかえました。

■隈板内閣の成立から桂園時代まで

1898年、自由党と進歩党が合同して**憲政党**となり、衆議院で過半数を占めて第3次伊藤博文内閣にかわって、初の政党内閣をつくりました。大隈重信を首相、板垣退助を内相とする第1次大隈重信内閣は、**隈板内閣**ともよばれ、陸相・海相以外の閣僚はすべて憲政党から選ばれました。しかし、**尾崎行雄**文相がおこした共和演説事件でわずか4カ月で退陣に追いこまれました。

隈板内閣にかわって第2次山県有朋内閣が成立しました。山県は地租を3パーセントに増徴したり、文官任用令の改正を行い政党勢力に対抗しました。1900年には治安警察法や軍部大臣現役武官制を定め、政党の力を抑制しようとつとめました。

山県に対して伊藤博文は、1900年に自由党系の憲政党をとりこんで**立憲政友会**を結成しました。さらに、第4次伊藤博文内閣をつくりましたが、貴族院の反対によって退陣に追いこまれました。

第4次伊藤博文内閣のあと、1901年に第1次**桂太郎**内閣

が成立しました。これ以後、山県有朋の後継者(陸軍・長州閥)の桂太郎と伊藤博文の後継者(立憲政友会系)の**西園寺公望**(さいおんじきんもち)が交代に政権をとりました。1906年の第1次西園寺内閣以降を**桂園時代**(けいえん)といいます。伊藤・山県は政界の第一線を退き、首相を天皇に推薦する元老になりました。

第1次西園寺公望内閣のときに**鉄道国有法**が制定されました。第2次桂太郎内閣のときには、国民道徳の強化をめざして**戊申詔書**(ぼしんしょうしょ)が発布され、町村ごとの青年会や帝国在郷軍事会がつくられるなど、地方改良運動が行われました。

桂園時代の終焉をもたらした大正政変

第2次西園寺公望内閣に対して陸軍は、2(個)師団の増設を要求しました。これは、1907年の帝国国防方針で決定した軍拡の一環で、朝鮮へ派遣するための兵力でした。しかし、1912年、内閣は財政難を理由に要求を拒否したため、陸相だった**上原勇作**(うえはらゆうさく)は天皇に辞表を出し、単独辞職しました。その後、陸軍は後任の陸相を出さなかったため内閣は総辞職となりました。

第2次西園寺内閣のあと、第3次桂太郎内閣が成立しました。しかし、桂首相は、長州・陸軍閥で藩閥・軍閥の代

表でした。

しかも当時、内大臣と侍従長を兼務していたため、議会無視の態度に加えて「宮中と府中(政治)の別」を乱すという批判の声があがりました。

立憲国民党の**犬養 毅**と立憲政友会の**尾崎行雄**を中心に「閥族打破、憲政擁護」をスローガンとする**第1次護憲運動(憲政擁護運動)**が全国に展開しました。桂太郎は立憲同志会を組織して対抗しましたが、1913年2月、わずか53日で退陣しました。

これが**大正政変**で、この後、海軍の**山本権兵衛**が組閣して、桂園時代は終わりを告げました。

山本権兵衛は、薩摩出身の海軍大将でしたが、立憲政友会を与党としました。そのため、文官任用令を再改正して政党員が上級官吏になる道を開いたり、軍部大臣現役武官制から現役を削除して予備役、後備役にまで陸・海相の資格を広げるなど政党へ譲歩しました。

しかし、1914年、海軍がドイツのシーメンス社から賄賂をとって軍艦などの独占注文を約束したという**シーメンス事件**が発覚しました。

さらに、海軍がイギリスのヴィッカース社とも賄賂をとって軍艦金剛の契約を結んだことが発覚し、内閣は総辞職しました。

政党内閣の時代にいたるまでの経緯

■米騒動の勃発と平民宰相原敬の登場

　第1次山本権兵衛内閣のあとの第2次大隈重信内閣のとき、**第1次世界大戦**が勃発しました。

　その大隈内閣のあと**寺内正毅**が内閣をつくりましたが、シベリア出兵にからんで米価が高騰し、1918年、富山県の漁村夫人が米の安売りの請願騒動をおこしました。騒動はたちまち全国へ広まり、**米騒動**となりました。

原敬

　米騒動をおさえられず寺内内閣が退陣したあと、立憲政友会の**原敬**が組閣しました。原は**平民宰相**とよばれ、陸・海・外相以外のポストを政友会の会員で占める初の本格的政党内閣をつくりました。

　原内閣は、教育の改善整備・交通通信の整備拡充・産業及び通商貿易の振興・国防の充実を四大政綱としてかか

げ、積極政策をすすめました。1918年に大学令を公布し、選挙権の納税資格を3円以上に引下げ小選挙区制を導入したりしましたが、普通選挙に対しては時期尚早として拒否しました。

■護憲三派内閣の成立

1921年、原敬が東京駅で暗殺され、あとをついだ**高橋是清**内閣も短命に終わると、そのあと**加藤友三郎**、**山本権兵衛**を首相とする非政党内閣が続きました。さらに、1924年、**清浦奎吾**が貴族院を中心に超然内閣をつくると、憲政会の**加藤高明**、立憲政友会の**高橋是清**、革新倶楽部の**犬養毅**ら護憲三派は**第2次護憲運動**を起こし、総選挙で勝利して**護憲三派内閣**(**第1次加藤高明内閣**)をつくりました。

護憲三派内閣は、1925年に普通選挙法を制定して満25歳以上のすべての男子に選挙権を与えたので有権者は4倍にアップしました。また、同年、国体の変革や私有財産制度を否認する結社をとりしまる**治安維持法**を制定しました。さらに、日ソ基本条約を調印して、ソヴィエトとの国交を回復しました。

護憲三派内閣以後、衆議院で第一党を占めた政党が内閣をつくるようになり、1932年に**五・一五事件**で犬養毅内閣が倒れるまで続きました。とくに1920年代後半からは、

立憲政友会と立憲民政党の二大政党時代になりました。この1932年までの期間を**「政党内閣の時代」**とか「憲政の常道」といっています。

ファシズムの道へと突き進んだ日本

　1927年の金融恐慌で第1次**若槻礼次郎**内閣が総辞職したあと、**田中義一**が陸軍出身でありながら立憲政友会総裁となり、立憲政友会を与党として組閣しました。田中内閣は、1928年に初の普通選挙を実施し、これによって無産政党系の8名が当選しました。また、この選挙で日本共産党の活動が公然化したことに対して、政府は緊急勅令を利用して治安維持法を改定して最高刑に死刑を加え、さらに、**特別高等警察（特高）**を各道府県に置きました。

　1929年にも田中内閣は四・一六事件を起こし、共産党員の弾圧を行いましたが、大陸

浜口雄幸

で起きた張作霖爆殺事件で退陣を余儀なくされました。かわって、立憲民政党の浜口雄幸が組閣しましたが、右翼の襲撃をうけて総辞職しました。

アメリカに端を発した金融恐慌は、日本にも大きな影響を与え昭和恐慌をもたらしました。とくに、生糸や繭価の暴落は農村に深刻な打撃を与えました。1930年は豊作による米価下落（豊作飢饉）、1931年はうって変わって凶作で農村恐慌になりました。

こうした状況下で、青年将校らは国家改造をさけび、1931年に陸軍の秘密結社**桜会**と民間右翼の**大川周明**らが**三月事件、十月事件**を企てました。翌1932年には、日蓮宗の**井上日召**らの**血盟団**が、一人一殺主義をとなえ、前蔵相**井上準之助**や三井の**団琢磨**を暗殺しました（**血盟団事件**）。

1932年5月15日、海軍の青年将校らが犬養毅首相を暗殺しました（**五・一五事件**）。かわって海軍の**斎藤実**が組閣し、厳しい思想弾圧をおこない**滝川事件**（**京大事件**）を引き起こしました。

つぎの**岡田啓介**内閣は、**天皇機関説問題**で**国体明徴声明**を出し美濃部学説を反国体的としました。

1936年2月26日、陸軍皇道派の青年将校らは、**北一輝**の思想的影響をうけ、昭和維新をとなえて斎藤実内大臣・

高橋是清蔵相・渡辺錠太郎陸軍教育総監を暗殺しました(**二・二六事件**)。この事件で**岡田啓介**内閣は退陣に追いこまれ、**広田弘毅**内閣が成立し、陸軍では統制派が台頭しました。

・・・・・・・・・・・・・・・・・・・・・・・・・
第2次世界大戦下の日本の政治状況
・・・・・・・・・・・・・・・・・・・・・・・・・

■第1次近衛内閣

　広田弘毅内閣のとき、軍部大臣現役武官制が復活し、「広義国防国家建設」のため馬場鍈一蔵相が軍拡財政(馬場財政)を行いました。つぎの**林銑十郎**内閣が4カ月で退陣したあと、第1次**近衛文麿**内閣にかわりました。

　近衛内閣は、1937年7月7日に起きた**盧溝橋事件**を契機とする日中戦争に当初は不拡大方針をとりましたが、軍部の圧力で戦争は拡大していきました。内閣は、国民精神総動員運動を推進し、戦争を

近衛文麿

遂行させるため大本営政府連絡会議を設置しました。物資を動員するために企画庁と資源局を合併して企画院をつくり、1938年には**国家総動員法**を公布して、議会の承認を得ずに人的・物的資源の統制・運用を可能にしました。

近衛内閣のあとの**平沼騏一郎**内閣もまた、国民精神総動員運動を継承して、1939年に**国民徴用令**を勅令で出しました。

■第2次近衛内閣から東条内閣へ

平沼内閣のあとの**阿部信行**内閣のとき第2次世界大戦が勃発しました。阿部内閣もつぎの**米内光政**内閣もこの大戦には不介入の方針をとりました。しかし、1940年にドイツがヨーロッパを制圧すると、軍部はドイツとの同盟を主張しました。米内内閣は、畑俊六陸相の辞職のあと、軍部大臣現役武官制を利用した陸軍によって退陣に追いこまれ、第2次近衛文麿内閣にかわりました。

第2次近衛内閣は、新体制

東条英機

運動を推進し、1940年に**大政翼賛会**をつくり、これによって政党は解散させられました。労働組織としては**大日本産業報国会**がつくられました。

　第3次近衛内閣のあと、陸軍統制派の**東条英機**が組閣し、1941年、太平洋戦争に突入しました。1942年には翼賛選挙を実施し、軍部のロボット的な翼賛政治会を結成しました。1943年に**大東亜共栄圏**の名のもとに**大東亜会議**を開きましたが、戦局は好転せず労働力を求めて朝鮮人や中国人を強制連行し、勤労動員も始められて女子挺身隊などがつくられました。1943年には法文系学生による学徒出陣が実施されました。

●●●●●●●●●●●●●●●●●●●●●●●●●●●●●●●●

敗戦から日本はいかにして立ち上がったか

■占領下の日本の状況

　1945年の**ポツダム宣言**の受諾後、日本は連合国軍に占領され、**鈴木貫太郎**内閣から**東久邇宮稔彦**内閣にかわりました。

　連合国軍は、占領政策の最高機関としてワシントンに**極東委員会（ＦＥＣ）**、実施機関として東京に**連合国軍最高司令官総司令部（ＧＨＱ）**をおき、ＧＨＱの最高司令官とし

てマッカーサーが着任しました。また、最高司令官の諮問機関として対日理事会（ACJ）を設置しました。

マッカーサーは、間接統治の方法をとりましたが、東久邇宮内閣は、GHQの民主化政策になじめず総辞職し、幣原喜重郎内閣にかわりました。マッカーサーは、幣原首相に口頭で①婦人の解放、②労働組合の助長、③教育の自由主義化、④圧政的諸制度の撤廃、⑤経済の民主化の五大改革指令を命じました。また、戦犯容疑者は逮捕され、1946年からは極東国際軍事裁判が開始されました。

吉田茂

政治の民主化としては、治安維持法や治安警察法が廃止され、特高も解体されました。1946年1月には、天皇が人間宣言し、戦争協力者には公職追放令が出されました。

教育も民主化され、1947年に教育基本法と学校教育法が制定されました。1948年には公選制による教育委員会が設置されましたが、これは1956年に任命制にかわりました。

政党も復活し、旧政友会系の**日本自由党**、旧民政党系の**日本進歩党**、旧無産政党系の**日本社会党**などが結成され、**日本共産党**も活動を認められました。1945年には、婦人参政権を規定した新選挙法が制定され、翌年の総選挙で39人の婦人代議士が誕生しました。この選挙で、第1次**吉田茂**内閣が成立しましたが、翌年、日本社会党の**片山哲**が民主党、国民協同党と連立内閣をつくり、さらに**芦田均**内閣にかわりました。

新しい日本国憲法も1946年11月3日に公布され、翌1947年5月3日に施行されました。民法も戸主権を廃止した新民法が公布されました。

1947年には**地方自治法**が制定され、翌年には**警察法**が制定され、自治体警察がつくられました。

■国際社会への復帰

1945年に世界平和のための機関として**国際連合**が成立しましたが、米ソの対立は深まり、「**冷たい戦争**」といわれました。アメリカが**トルーマン・ドクトリン**や**北大西洋条約機構（ＮＡＴＯ）**で社会主義陣営の「封じ込め」をはかると、ソ連は**コミンフォルム**をつくって対抗しました。

中国では、1949年に共産党の**毛沢東**が**中華人民共和国**を樹立しました。朝鮮でも南部に**大韓民国**、北部に**朝鮮民**

主主義人民共和国が1948年にでき、その2年後の1950年の朝鮮戦争で、「冷たい戦争」は「熱い戦争」となりました。朝鮮戦争は1953年に北緯38度線の板門店で休戦協定が締結され現在にいたっています。

1948年のロイヤル米陸軍長官の演説の中にもあるように、アメリカは日本を「共産主義の防壁」にしようとして、日本の再軍備をはかるようになります。1950年に**警察予備隊**を創設し、これが1952年に**保安隊**となり、さらに1954年に**自衛隊**となりました。

官公庁や職場から共産主義者の追放（レッド・パージ）を行う一方、軍国主義者たちの公職追放を解除しました。

1951年にはサンフランシスコ講和会議が開かれ、**サンフランシスコ講和条約**が調印され、翌年、日本は独立をはたしました。平和条約と同日に**日米安全保障条約（安保条約）**が締結され、米軍の日本駐留が承認され、その細目規定である日米行政協定も結ばれ、米軍の基地・兵力などが決定されました。

さらに、1954年にはＭＳＡ協定が調印され、日本はアメリカから軍事援助を含む形で経済援助を受け、自衛力を強化しました。

再軍備などの「逆コース」の動きに反対した民衆たちが1952年、**皇居前広場事件（メーデー事件）**を起こすと、第

1-4

近現代

政治

3次吉田茂内閣は、**破壊活動防止法**を制定して、極左・極右団体を抑制しました。民衆は**内灘事件**(石川県)、**砂川事件**(東京都) などの米軍基地反対闘争を展開しました。さらに、**第五福竜丸**が被曝したビキニ水爆実験を機に、**原水爆禁止運動**も起こり、1955年に広島で**第1回原水爆禁止世界大会**も開かれましたが、1963年に社会党系の**原水爆禁止日本国民会議**(原水禁)と共産党系の**原水爆禁止日本協議会**(原水協)とに分裂しました。

高度経済成長期から現代までの政治の流れ

■五五年体制とは何か

1954年に**鳩山一郎**が**日本民主党**を結成し、第1次鳩山一郎内閣を組閣しました。左・右両派に分かれていた**日本社会党**は1955年、**社会党再統一**を行いました。この動きに刺激された保守勢力の日本民主党と自由党が合同 (保守合同) して**自由民主党**を結成し、五五年体制ができあがりました。

1957年に組閣した**岸信介**は、1960年に**日米相互協力及び安全保障条約 (新安保条約)** の批准を強行採決しました。このため安保闘争が激化して岸内閣は退陣しました。かわ

った池田勇人内閣は、「寛容と忍耐」をとなえ、高度経済成長政策をとりましたが、これは一方では農村の過疎化を引き起こしました。

第2次池田内閣は、1961年に農業基本法を制定して農業の近代化につとめましたが、兼業農家は増加する一方で、三ちゃん（じいちゃん、ばあちゃん、かあちゃん）農業とよばれる状況になりました。

池田内閣のあと、1964年に佐藤栄作が組閣し、1968年に小笠原諸島の返還を実現させ、さらに1971年に沖縄返還協定に調印、翌年に返還を実現させました。

■高度経済成長から現在まで

佐藤内閣のあと、田中角栄内閣が「列島改造」をとなえましたが金脈問題を追及されて退陣、つぎの三木武夫内閣のときロッキード事件が明るみに出て田中前首相らが逮捕されました。

その後、福田赳夫内閣、大平正芳内閣がつづき、鈴木善幸内閣のあとの中曽根康弘内閣のとき電電公社・専売公社・国鉄が民営化されました。つぎの竹下登内閣は、消費税（3パーセント）を導入しましたが、リクルート事件で退陣しました。その後、宇野宗佑内閣、海部俊樹内閣と短命内閣が続き、宮澤喜一内閣のときPKO協力法が制定さ

れました。

　1993年には日本新党の細川護熙が非自民8党派連立内閣をつくって、五五年体制に幕をひきました。しかし、翌年には羽田孜内閣にかわり、1994年には社会党の村山富市が自民・社会・新党さきがけ3党連立内閣をつくりました。

　ついで、1996年に橋本龍太郎が首相となり、翌年、消費税を5パーセントに引き上げ国民の批判をうけました。

　参議院選挙の敗北を受けて、橋本首相が辞任した後は、小渕恵三内閣、森喜朗内閣とつづきます。2001年には構造改革をかかげる小泉純一郎内閣にかわりました。

　小泉内閣は5年半にわたる長期政権でしたが、それ以降は、安倍晋三内閣、福田康夫内閣、麻生太郎内閣と短命の内閣が続き、2009年に民主党を中心とする鳩山由紀夫内閣が誕生し、管直人内閣、野田佳彦内閣と続きました。しかし、2012年に自民党・公明党連立の安倍晋三内閣ができ長期政権となりました。

第2講

「経済」からたどる日本の歴史

1 古代日本の経済

・・・
ヤマト政権の経済基盤はどこにあったか
・・・

　ヤマト政権の経済基盤を支える直轄領を**屯倉**といいます。そもそも屯倉の本来の意味は、倉庫ですが、それが変化して土地をさすようになりました。はじめは畿内に設置された大王の私有地でしたが、ヤマト政権の勢力の拡大にともなって、5世紀の末ごろから日本列島の各地に置かれるようになり、その性格もヤマト政権の直轄領へと変化していきました。

　ヤマト政権の私有民は**子代・名代**や**田部**と称されます。子代・名代は、大王家などのために物資を生産して貢納しました。子代・名代が主として物資を生産したのに対して、屯倉の耕作にあたったのが田部で、国造らの民や渡来人たちを集団移住させたりして編成しました。

　大王家と同じように、豪族たちもそれぞれ経済基盤として私有地や私有民をもっていました。大王家の屯倉にあた

るのが田荘(たどころ)で、私有地とそこに建てられた倉庫などの建物を含めた総称です。豪族の私有民は**部曲**(かきべ)とよばれ、田荘の耕作にあたり、部民としての性格をもっていました。

これらの田荘・部曲は、豪族たちにとって欠かすことのできない経済基盤でしたが、**大化の改新**で廃止されて**公地公民制**が導入されることになります。

改新政府の経済政策の読み方

■ヤマト政権の財源を管理した3つの蔵

ヤマト政権の財源を保管していたのは、**斎蔵**(いみくら)・**内蔵**(うちつくら)・**大蔵**(おおくら)の3つの蔵です。祭祀のための神物を納めるのが斎蔵、大王家の財物を入れておくのが内蔵、政治を行うための財源を納めておくのが大蔵です。

三蔵は同時に成立したものではなく、次第に分かれていったと考えられます。最初は、すべてのものが神のためのものであり、それを納めるために斎蔵がつくられました。そこから大王のものを入れる内蔵が分離しました。この段階で、神の物と大王の物とが区別されたことになります。さらに、内蔵が分離して大王の私物と朝廷の官物とが区別され大蔵ができました。こうした三蔵の成立過程は、とり

もなおさずヤマト政権の経済組織の整備の過程をものがたっているといえます。

この三蔵の管理を担当したのが蘇我氏であり、実際にその出納にあたったのは文筆による記録や数学的能力にたけていた渡来系の氏族でした。文筆にすぐれた阿知使主を祖とする東漢氏や百済の博士である王仁を祖とする西文氏らが主としてこれら三蔵の仕事にあたりました。阿知使主も王仁も応神朝に渡来したとされるなかば伝説上の人物たちです。

蘇我氏は、渡来系の氏族を支配下に組み入れ、三蔵の統括者としてヤマト政権の財政を掌握していました。また、屯倉の統轄も行っていたとされ、特に蘇我稲目はその範囲を広げ充実させたといわれています。

蘇我氏は、8代目の天皇である孝元天皇の子孫といわれますが、出自に関する詳しいことは不明です。稲目の時代から急速に勢力を拡大させ、馬子・蝦夷・入鹿は大臣としてヤマト政権の財政を担当しました。

一方で蘇我氏は、娘を大王の妃に入れ、大王家との姻戚関係を結んで地位を確立していきました。そして、文官でありながら、軍事氏族で大連の大伴氏や物部氏を押さえて最大の豪族に発展し、その権力は大王家をもしのぐまでに成長しました。

■「改新の詔」をどう読むか

　乙巳の変ののち、改新政府は、646年に出した**改新の詔**で基本政策を発表しましたが、中でも新しい経済政策が大きなウェイトを占めていました。4条からなる改新の詔のうち、まず第1条で、それまでの大王や豪族の土地・人民をヤマト政権が直接支配する**公地公民制**を打ち出し、土地・人民をとりあげるかわりに上級豪族には**食封**を与えました。

　食封とは、一定数の戸を封戸として、その封戸が納める租税を豪族に与えるというもので、律令制では封戸の出す租の半分と調・庸のすべてを合わせたものが食封とされました。つまり、豪族たちは封戸によって従来からの経済力を確保することができましたが、食封を与えられたのは大夫以上の上級豪族たちだけでした。

　改新の詔の第3条では、戸籍と計帳をつくって**班田収授制**を行おうとしました。戸籍は公地を民に貸し与えるための台帳で、律令制下では6年ごとにつくられました。計帳は民から税をとるための台帳で、律令制下では毎年つくることが義務づけられました。

　戸籍に関しては、改新政府が646年に改新の詔を出してから24年もあとの670年に**庚午年籍**がつくられました。

　ここからもわかるように、改新の詔を出したときからす

ぐに班田収授が実施されていたかどうかは疑問ですが、少なくとも中大兄皇子らは班田収授の施行をめざしていたということはいえるでしょう。

改新の詔の第4条には「旧の賦役を罷めて、田の調を行へ。……別に戸別の調を収れ」と記されています。ここにみえる田調とは田地を対象とし、戸別調とは家を対象とした税です。

律令制下での調・庸と性質は異なっていましたが、どちらも中央集権的な国家をめざした政策という点ではつながるものです。

経済から見た律令制度

公地を**口分田**として民に貸し、亡くなると没収するというのが班田収授制です。口分田は、6歳以上の男女に貸し与えられ、死ぬまで使用が認められましたが、売買することはできませんでした。面積は、良民の男子が2段（約11.7アール）で、女子には男子の3分の2、つまり、1段120歩が貸し与えられました。

古代には、良民の他に賤民とよばれる人々がいました。賤民には、**陵戸・官戸・公奴婢・家人・私奴婢**の5種類が

あり、**五色の賤**と総称されます。

　これらの賤民のうち、陵戸・官戸・公奴婢には良民と同じ面積の口分田が貸し与えられ、豪族の私有の賤民である家人と私奴婢には良民の3分の1の面積しか貸し与えられませんでした。

　民はこれらの口分田を貸し与えられるかわりに税を負担しました。租とは、口分田を班給されている男女に課される土地税で、収穫の約3パーセントを納めました。具体的には稲2束2把で、それぞれの国衙の正倉に保管され、その国の財源となりました。

　租が地方の財源とされたのに対して、中央政府の財源となったのが、調と庸です。調・庸は人頭税で、しかも男子のみに課され年齢によって負担が異なりました。

　調は麻・絹などの布や糸といったその土地の特産物を納めました。

　庸は本来、肉体労働を課す税であり、正丁(21歳から60歳の男子)の場合、年に10日のあいだ都で働く歳役でしたが、実際には麻布2丈6尺(約8.4メートル)を代納することになっていました。

　調と庸は、都まで運搬する義務があり、これらを運んだのは運脚とよばれ、往復の食料などはすべて自己負担というきびしいものでした。

労働役としては雑徭もあり、こちらは国司の命令でその国の土木工事や国衙の労役に服しました。正丁で最大60日間と定められていましたが、日数は守られないことも多く、仕事も国司の私用であったりしました。

　こうした租・調・庸といった主要な税の他にも、出挙や義倉という税的な負担もありました。

　出挙は、もともとは種もみの不足した農民にもみを貸し付け、農民が農耕作業をできるようにするためのものでしたが、利子が5割と割高だったので、その利子を求めてしだいに強制的に貸し付けられるようになりました。政府の出挙が公出挙とよばれたのに対して、豪族による出挙は私出挙と称せられ、利子は10割でした。

　義倉は、凶作になった場合を想定して粟を蓄える制度で、本来は農民のための政策でしたが、日常的に余裕のない農民たちにとっては、かえって重い負担となりました。

　この他にも兵役があり、律令制下では正丁3人から4人に1人（郷戸ごとに1人）の割合で徴発されました。

　兵士たちは、国々に置かれた軍団で訓練をうけ、その中から都を警備する衛士や九州北部の警固にあたる防人に配属される者もありました。特に、730年からは、東国の農民を防人としたため、彼らの負担はいっそう大きくなりました。

綻びをみせはじめた律令制

　律令制下において、農民への負担は非常に大きく、生活に困窮した農民たちは、口分田をすてて逃げだすようになります。口分田をすてた農民を律令国家は**浮浪**とか**逃亡**とかとよびました。

　浮浪は、逃げた先が確認されている者で、逃亡は行方不明となってしまった者です。したがって浮浪は浮浪帳に記されて調・庸を負担させられましたが、逃亡は調も庸も納めませんでした。こうした浮浪や逃亡が増えると、当然のことながら口分田は荒廃し、耕作できる口分田は不足することになります。

　過度な税負担に対する農民の抵抗は浮浪・逃亡だけではありませんでした。**偽籍**は、性別や年齢を偽って戸籍に登録することで、男子を女子と偽ることによって調・庸・雑徭といった人頭税を逃れようとしました。

　また、**私度僧**とは、正式な手続きをふまないで勝手に僧と称している僧のことで、**自度僧**ともよばれます。本来、僧は特権的身分で官（度）僧とよばれ、公的な身分であり勝手に僧になることはできませんでした。僧尼令によって行動が定められていて、課役は免除されました。この課役

2-1 古代 経済

免除という点に目をつけた農民が私度僧になって税のがれをしようとしたのです。

このような偽籍や私度僧も律令国家の経済基盤を大きくゆるがす原因であり、彼らの増加に政府は苦慮させられました。

公地制がくずれ、土地の私有がはじまった

■口分田の不足解消を狙う

浮浪や逃亡などによる荒廃田の拡大と人口増加は口分田の不足をもたらすようになりました。政権を担当していた長屋王は、口分田の不足を解消するために、722年、**百万町歩開墾計画**をたてました。

文字通り口分田の増大をはかったわけですが、このような壮大な計画が簡単に実現できるわけがありません。翌723年には、はやくも修正案として**三世一身法**が出されました。これは、新たに灌漑施設をつくって開墾した者には3代の間、また、古い灌漑施設を再利用して荒廃田を公地化した者には1代の間という期限つきで土地の私有を認める法令です。

政府の目的は、開墾の奨励でしたが、期限をつけてはい

るものの、土地の私有を政府が認めたという点で、この法令は公地制という律令制度の根幹をゆるがすものでした。

そして、この法令の効果はというと、私有期限が終わるころには、農民たちは土地の手入れを怠るようになり、政府に土地がもどったときには、結局、その土地は荒廃しているというありさまでした。

三世一身法がうまくいかなかった政府は743年、**墾田永年私財法**を発布しました。この法令については墾田の促進という点で政府の積極策とすることもできます。しかし、その一方、身分によって面積に制限がつけられていたものの土地の永久私有制を政府が認めたことで、律令制の基本である公地制の原則はほぼ完全に崩壊してしまいました。

■初期荘園の誕生

墾田永年私財法によって公地制がくずれ、土地の私有ができるようになると、皇親・貴族・寺社などの権力をもつ者たちは、浮浪や逃亡した農民を労働力として土地を開墾させました。

こうして私有化した土地を**初期荘園（墾田地系荘園）**とよびます。初期荘園は原則的には租を納める**輸租田**で、8世紀から9世紀にかけて寺院や貴族たちによって大規模に広がりました。代表的な例としては、東大寺領の越前国道

守荘や摂津国水無瀬荘などがあげられます。

地方の混乱と土地制度の変化

■なぜ政府は財政難に陥ったのか

　公地制の崩壊は、とりもなおさず律令制度のゆるみを意味しています。当然、政治の乱れにもつながり、地方がまず影響を受けることになります。地方政治の乱れは徴税を困難にし、政府は財政難におちいることになります。

　こうしたことを背景として、**成功・重任・遙任**といった売位・売官の風潮が盛んになりました。宮中の行事や寺社の造営費用として財物を政府に納め官職を得るのが成功であり、任期が切れたとき成功を使って再び同じ職につくのが重任です。

　また、国司はしだいに任地へ行かないようになり在京のままという形態が一般化していきます。こうした国司を遙任といい、この場合、代理人である目代が現地へ行き、土地の豪族を在庁(官人)として登用し政治を行います。したがって、国衙には国司が不在という状態になるため、このパターンの国衙は留守所とよばれます。

　しかし、遙任が一般化する中で、私服をこやすためにわ

ざわざ現地へおもむく国司もおり、そのような国司は**受領**といわれました。したがって、受領が地方で良い政治を行うわけはなく、地方政治はますます乱れることになります。代表的な受領としては、988年、「尾張国郡司百姓等解」で訴えられ、尾張国守を罷免された藤原元命があげられます。

■国司制の崩壊と知行国制のひろまり

　中央政府は、徴税が困難になると、国司にその国の統治を認めるかわりに一定の税を納入させるようになりました。税の名称も租は年貢、調は公事、庸は夫役へとかわり、国司は荘園や公領の耕作を請け負う**田堵**から税をとるようになりました。田堵は耕作を請け負った土地に自分らの名をつけたので、それらは名(田)といわれました。田堵の中で、名の支配力をしだいに強化した者を名主といい、名田の大規模経営を行った者を**大名田堵**とよびます。

　遙任の国司が現われたことによって国司制も崩壊しはじめ、かわって**知行国制**が広まるようになりました。これは、政府が国司のかわりに上級貴族を知行国主に任命する制度です。知行国主は、自らの知行国の国司の任免権をもった上にその国の収入の大半を得ることができ、まさに、その国の支配者でした。

知行国制は院政期に大きく発展しました。上皇も**院分国**(いんのぶんこく)と称す自分の知行国をもち、ここからの収入によって院政の経済を支えました。

・・・・・・・・・・・・・・・・・・・・・・・・・・・・・・・・・・・
国家の支配から離れた荘園が持つ意味
・・・・・・・・・・・・・・・・・・・・・・・・・・・・・・・・・・・

■寄進地系荘園とは何か

　大名田堵は大規模に土地の開発を行い、なかには一定の地域を支配するまでに成長する者がでてきました。彼らは開発領主もしくは根本領主とよばれました。彼らは広大な荘園を所有する荘園領主でもありましたが、国司の干渉になやまされ続けました。そこで開発領主たちは、所有している荘園を中央の貴族や寺社などに名目上だけ寄進するようになりました。こうした荘園が**寄進地系荘園**(きしんちけい)といわれるもので、10世紀ごろから姿をみせはじめ11世紀には各地へと広まりました。

　開発領主から荘園の寄進をうけた有力貴族や寺社といった**権門勢家**(けんもんせいか)は**領家**(りょうけ)とよばれ、寄進した現地の開発領主やその子孫は、荘園の管理者である**荘官**(しょうかん)となりました。

　荘官は領家に対して毎年一定の年貢を納めるかわりに領家は荘園を保護し、国司のさまざまな干渉を排除しました。

領家が勢力を失い荘園を保護することができなくなると、その領家はさらに上級の権門勢家に寄進することになります。この上級の権門勢家を本家とよびます。つまり、本家―領家―荘官という構図ができるわけで、本家と領家のうち、その時々で実際に荘園に対して影響力をもっているほうを本所といいました。

■不輸の権と不入の権

荘園は租のかかる輸租田だったので、荘官は領家や本家の権威を利用して租税が免除される不輸の権を得ようとしました。不輸の権を許可するのは、太政官符・民部省符で、不輸の権を認められることを立券荘号といい、認められた荘園を官省符荘といいます。

不輸の権は、のちには国司の免判（許可）でも認められるようになり、こちらの手続きで不輸の権を得た荘園は国免荘とよばれます。

不輸の権を得た荘園が各地に広まると、荘官と国司の対立はさらに深まるようになりました。荘官は、領家・本家の権力をたのみ今度は荘園を検査する検田使や国司の立ち入りを拒否する不入の権を得ようと画策するようになりました。こうして、不輸・不入の権を得た荘園は、完全に国家の支配からはなれた存在になっていきました。

2 中世日本の経済

・・・・・・・・・・・・・・・・・・・・・・・・・・・・・・・・・
鎌倉・室町幕府の経済基盤はどこにあったか
・・・・・・・・・・・・・・・・・・・・・・・・・・・・・・・・・

　鎌倉幕府の経済基盤は、**関東御分国**、**関東御領**、**関東進止**の地の3つからなっていました。

　まず、関東御分国は、将軍の知行国であり、1186年の段階で、相模・伊豆・武蔵など9カ国がありました。また、関東御領というのは将軍が所有している荘園であり、その多くは、かつて平家が持っていた荘園、すなわち平家没官領が中心でした。最後の関東進止の地とは、土地それ自体は幕府のものではないのですが、そこに地頭の設置や兵糧米徴収などの権利をもつ荘園や公領のことをいいます。

　これらを基本的な収入源として、鎌倉幕府は運営されていたのです。

　室町幕府の直轄領は**御料所**とよばれ、将軍の直属軍である**奉公衆**によって管理されました。幕府はこの他に、田畑に対して**段銭**、家ごとには**棟別銭**をかけました。金融

132

業である土倉、酒屋からは倉役・酒屋役を徴収しました。日明貿易の利益にも注目して袖分銭を課し、交通税として道路には関所を設けて関銭を、港を対象に入港税として律料を徴収して財源にあてました。このように多種の税を課したのは御料所が少なく、財源の確保が大変であったからだといわれています。

中世武士の暮らしと経済

　鎌倉時代の武士は、「一所懸命」という言葉があるように、先祖伝来の荘園に土着して生活し、領地を守ることに命をかけました。武士の屋敷は、寝殿造を簡素化した武家造の館で、周囲には荘園内で領主や荘官、地頭らが下人などに耕作させた土地である佃や門田などの直営地をもっていました。これらで得た収入や地頭としての収入が経済基盤になっていました。そのため、荘園の支配権の拡大をめぐって地頭（御家人側）と荘園領主（貴族側）はしばしば対立し、特に承久の乱以後は、幕府の力が強まったため、地頭の荘園侵略がいっそう強まりました。

　1275年の紀伊国阿氐河荘民の訴状には、「ミゝヲキリ、ハナヲソキ、カミヲキリテ、アマニナシテ」とあります。

つまり、地頭の湯浅氏が、荘民たちの耳を切り落としたり、鼻をそいだり、女性の髪を切って尼のようにしたりして乱暴をしているというのです。

こうした地頭の侵略に対して、荘園領主は地頭に一定の年貢を納入させるかわりに、荘園の経営を任せる**地頭請**（じとうけ）や収益の高い土地を半分ずつ分けて支配する**下地中分**（したじちゅうぶん）などで妥協するしかありませんでした。下地中分の例としては伯耆国（ほうきのくに）の東郷荘（とうごう）が有名で、13世紀半ばにつくられた絵図には、田地をはじめ、山野・牧野が領家分と地頭分に分割されて示されています。しかし、荘園の中央に位置する東郷湖は分割されておらず、そこでの漁業権は入り会いになっていたことがわかります。

初期の武士の相続については、家督を相続する子である嫡子だけでなく、庶子にも所領が与えられるシステムの分割相続でした。宗家（そうけ）（本家）の長である嫡子は**惣領**（そうりょう）ともよばれ、軍事権と祭祀権をもっていて、本家の継承・維持につとめ、庶子は分家して庶子家を立てました。本家と庶子家は強い血縁的結合で結ばれ、一門とか一家とかよばれ、こうした体制を**惣領制**といっています。

一方、分割相続では、相続をくり返すたびに所領が細分化されるために、武士の困窮化が進み、鎌倉時代末期になると、惣領が一括して相続する単独相続に代わりました。

室町時代になると、単独相続が一般化したため、武士の生活にも変化があらわれます。というのは、単独相続によって庶子家が崩壊したため、前時代のような血縁的結合が維持できなくなったのです。したがって、室町時代の武士は、血縁的結合を捨て、地縁的結合にたよるようになりました。

新たな産業の進展が社会を変えた

■**農業の発達**

　鎌倉時代には、畿内や西日本で、稲のほかに麦やそばなどを裏作とする**二毛作**が増え、刈りとった草を土中に埋めて腐敗させた刈敷や草木を焼いた灰である草木灰などの肥料も普及しました。

　農具も改良されて鉄製のものが広まり、鉄製農具をつくる鍛冶屋や鋳物師といった手工業者も増加し、農村に住みつくものも現れるようになりました。

　牛や馬に犂を引かせる**水田耕作**も盛んになり、特に**牛耕**は西日本を中心に広まりました。

　室町時代に入ると、二毛作が東国まで広まり、畿内では米・麦・そばの**三毛作**も行われるようになりました。早稲・中稲・晩稲の稲の品種改良が進み、肥料は刈敷・草木

灰や下肥（しもごえ）が広まりました。鉄製農具や牛馬耕も前時代の鎌倉期よりいっそう使用が進み、手工業の原料である藍（あい）や椿（つばき）・桑・芋などの栽培が始まりました。

　農業生産の向上によって、地方に特産品も生まれました。

■商業・金融・交通の発達

　鎌倉時代の手工業では、鍛治屋や鋳物師のほかに、藍汁で染物をする紺屋（こうや）などもありました。これらの手工業や農業の発達にともない、市も定期的に開かれるようになりました。交通の要地や寺社の門前などを中心にして月に3度開かれる三斎市も普及しました。市のようすを描いたものでは『一遍上人絵伝（いっぺんしょうにんえでん）』の備前国福岡市（現在の岡山県長船町付近）が有名です。備前国の福岡荘は、平家没管領として源頼朝が管理を任されていましたが、のちに最勝光院に寄進されました。もともとこの地は中国街道の宿駅として発達したところで、往来する人びとをあてこんで定期市が立ちました。市の日には仮小屋に並べられたさまざまな品物が交換されたと思われ、『一遍上人絵伝』にはそうした状況が描かれています。

　奈良・京都・鎌倉などの都市には、現在の小売店にあたる見世棚（みせだな）が出現し、地方では行商人が現れました。平安時代の後期から商工業者たちは同業者団体である座をつくり

始め、天皇や寺社、貴族に座役(ざやく)を納めるかわりに、販売の独占権を得るなどの保護を受けました。

室町時代になると、農業の発達を背景にして定期市の回数も増え、三斎市から月に6回開かれる**六斎市**にかわりました。また、市の中には京都の三条・七条の米市、淀の魚市などのように専門の商品を扱うものも出現しました。都市では小売店の見世棚が増え、地方では**連雀(れんじゃく)商人・振売(ふりうり)**とよばれる行商人の活動が活発化しました。行商人の中には、鮎売りの桂女(かつらめ)、炭や薪(たきぎ)を頭にのせて売る**大原女(おはらめ)**などのように女性たちの集団もありました。

同業者組合である座も増え、石清水(いわしみず)八幡宮を本所とする**大山崎(おおやまざき)油座**、北野神社を本所とする**酒麹屋(さけこうじ)**、祇園(ぎおん)社(八坂(さか)神社)を本所とする**綿(わた)座**などがありました。

商取引が盛んになると、鎌倉時代には商品の運送や中継ぎ、委託販売を行う**問(とい)(問丸(といまる))**が交通の要地で発達をみせるようになりました。これが室町時代にはさらに発達して問屋となり商品の保管・卸売を行うようになりました。また、坂本や大津には馬で荷物を運ぶ**馬借(ばしゃく)**が現れ、車で運ぶ**車借(しゃしゃく)**もみられるようになりました。海路では、**千石船(せんごくぶね)**などの大型の廻船も航行し、商品を大量に輸送するようになりました。

商業・交通の発達に刺激をうけ、金融面でも大きな変化

2-2 中世 経済

が起こりました。鎌倉時代には日宋貿易で宗銭が大量に輸入された影響で物々交換から貨幣経済へとかわり始め、年貢の代銭納も行われ始めました。遠隔地間の取引きには、銭のかわりに手形である割符を用いる為替(替銭)を使うようになり、銭のかわりに米を用いることもありました。これを替米とよんでいます。替銭を扱ったのが替銭屋です。

名主や僧侶の中から高利貸業者である借上になるものも増えたようで、『山王霊験記絵巻』の中には、銭を数える僧侶の姿が描かれています。

室町時代に入ると貨幣経済は、永楽通宝をはじめとして洪武通宝、宣徳通宝などの明銭が流入して、いっそうの発展をみせるようになり、年貢の代銭納や為替の制度も普及しました。高利貸業者である土倉や酒屋も増え、その数は15世紀の京都で350軒にのぼったといわれています。

こうした貨幣経済の進展にともなって、にせ金である私鋳銭や粗悪な欠銭、また火事にあった不良銭の焼銭なども多く出回るようになり、商人たちはこれらの悪銭をさけて良銭ばかりを選ぶ撰銭を行うようになりました。撰銭は、せっかく普及しつつある貨幣経済の信用を失わせるものであり、幕府や戦国大名たちは撰銭令を出して、良貨と悪貨との間の交換率を定めて、そのかわり撰銭を禁止して貨幣経済の円滑化につとめました。

3　近世日本の経済

織田信長と豊臣秀吉の経済政策

■商品取引の拡大を目指した楽市楽座令

　戦国大名たちは、自分の領国経営の第一歩として、領国内の土地収穫高を知るために検地を行いました。その方法は、各地域の領主に命じて土地台帳をさし出させて収穫高を把握する**指出検地**で、織田信長もこの方法を受け継ぎました。

　それまでの経済体制を打破して、新しい秩序のもとで経済を支配しようとした信長は、座や市場を廃止しました。座や市場がそれまでもっていた販売権の独占や関銭の免除などの独占体制を否定し、新興商人を保護して商品取引をいっそう拡大しようとしたわけです。美濃の加納や近江の安土の城下町に**楽市・楽座令**を発布して、自分の城下町の繁栄をはかりました。会合衆による自治で栄えていた堺からは自治権を奪い、さらに1569年に直轄領にしました。

また、室町幕府やほかの戦国大名たちが行った**撰銭令**を継承し、にせ金である私鋳銭を禁じました。そして、良質と悪化の交換比率を定め、貨幣の流通に気をつかいました。

■太閤検地は社会をどう変えたか

　室町幕府は、通行税である関銭を得るために主要な道路に多くの**関所**を設けていました。朝廷や寺社をはじめ、各地の荘園領主もこれにならったため、交通のさまたげになるばかりでなく、商品の流通にも重大な影響を与えました

　富国強兵策をとる戦国大名たちは、領国内の関所を廃止する政策をとりました。織田信長は、この方針をさらにおし進めたので、商人たちの自由な取り引きが保護され、交通の流れもスムーズになりました。このように、関所の廃止は商業の発展に大きく貢献しましたが、そればかりでなく、軍勢の移動のさいのスピード・アップにもつながりました。

　豊臣秀吉も基本的にはこれらの織田信長の政策を継承し、富国強兵策をさらにおし進めました。天下統一をなしとげた豊臣秀吉は、古代に皇朝（本朝）十二銭がつくられて以来とだえていた全国規模の貨幣の鋳造を行いました。たとえば**天正大判**は、1枚が165グラムでその70パーセント余りが金でした。天正大判は実用的というより恩賞用であり、

流通した貨幣としては天正通宝や文禄通宝などが鋳造されました。

秀吉も信長と同じく検地を行いましたが、信長までの指出検地とはまったく異なるやり方で、**太閤検地**とよばれました。

太閤検地の特徴の第一は、検地奉行を現地に送って実施するというもので、1582年に山城から始められました。また、それまでは、土地の年貢納入額を銭に換算して、その土地を評価する貫高制でしたが、太閤検地では、米の生産量で土地を評価する**石高制**を採用し、天正の石直しともよばれました。

太閤検地では土地の所有者はそこに居住して耕作にあたる百姓（名請人）1人のみとしました。ここに、名請人が納税をする**一地一作人の原則**が確立しました。名請人は検地帳に登録され土地所有者として認められたのです。

秀吉の一地一作人の原則は、それまでの複雑な支配体制を崩壊させました。

百姓たちは、自分たちの田畑の所有権を法的に承認された反面、自分の田畑にかけられる石高あたりの年貢の負担を強要されることになりました。年貢は、その村の総石高である村高に対して課され、それを村がまとめて納める村請制が行われました。

石高制をはじめとする太閤検地の基本政策は、次の江戸幕府にもうけつがれ、近世封建の基盤になりました。

江戸時代に発達したさまざまな産業

　江戸時代になると、新田の開発が積極的になされ、収穫量も飛躍的に向上しました。とくに**町人請負新田**（ちょうにんうけおいしんでん）が増加し、江戸初期には約160万町歩だった耕地が享保期には約300万町歩と約2倍になりました。

　農具についても、深耕用の**備中鍬**（びっちゅうぐわ）や脱穀用の**千歯扱き**（せんばこき）など改良が進みました。なかでも千歯扱きはいちじるしい能率アップを生み、それまで未亡人（後家）のパート作業であった脱穀を奪ってしまったので、「後家倒し」という異名がついたほどです。

　肥料の面でも、それまでの下肥（しもごえ）・刈敷（かりしき）といった自給肥料に加えて干鰯（ほしか）・油粕（あぶらかす）といった金肥（きんぴ）も導入されるようになり、農業生産の向上に寄与しました。

　農業指導書である農書も書かれるようになり、**宮崎安貞**（みやざきやすさだ）の『**農業全書**』や**大蔵永常**（おおくらながつね）の『**広益国産考**』（こうえきこくさんこう）などがみられます。江戸後期には、**二宮尊徳**（にのみやそんとく）や**大原幽学**（おおはらゆうがく）などの農政家も出現し、現地で百姓たちを指導しました。

産物も穀物だけでなく、**四木（桑・漆・茶・楮）、三草（麻・藍・紅花）**などの商品作物もつくられるようになり、**出羽村山の紅花、阿波の藍玉**などの特産物が珍重されるようになりました。

　特産物としては、**西陣（京都）・桐生・丹後の絹、有田・九谷・瀬戸・備前などの焼物、輪島・会津などの漆器、越前の奉書紙・播磨の杉原紙などの紙、伏見・灘の酒、野田・銚子の醤油**なども有名です。

　水産業は、網を使う上方漁法が普及し、九十九里浜では地曳網による鰯漁が行われました。ほかには、紀伊の捕鯨、土佐の鰹漁、蝦夷地の俵物も有名です。製塩は、瀬戸内海地方で**入浜式塩田**が発達しました。

　手工業も発達し、自給自足の農村家内工業から問屋制家内工業へと形態が変化しました。鉱業をみると、**佐渡の相川金山**をはじめとして、**大森・生野・院内銀山、阿仁・足尾と住友経営の別子銅山**などが有名です。鉄はたたら製鉄が行われ、出雲は日本刀の原料となる玉鋼の生産が活発に行われました。

　商業も江戸・大坂・京都の三都を中心に発展しました。

　三都をはじめ各地の都市では、問屋商人が流通を支配し、**仲間**とよばれる同業者団体をつくりました。代表的なものとしては、江戸の**十組問屋**や大坂の**二十四組問屋**があげ

られます。一般的に荷は、大坂から江戸へと送られ、そこで消費されたので、二十四組問屋は荷積問屋、十組問屋は荷受問屋としての性格をそれぞれもっていました。

これらの仲間は、営業税として運上・冥加を幕府に納めるかわりに独占権である株を認められ、**株仲間**(かぶなかま)へと発展していきました。

江戸幕府がつくりあげた金融制度の仕組み

江戸幕府は、金貨・銀貨・銭貨の3貨の鋳造権を独占し、**金座**(きんざ)・**銀座**(ぎんざ)・**銭座**(ぜにざ)で、**慶長金銀**(けいちょうきんぎん)・**寛永通宝**(かんえいつうほう)などをつくらせました。

金座は、**後藤庄三郎**(ごとうしょうざぶろう)が管理にあたり、銀座の管理には**大黒屋常是**(だいこくや)があたりました。これらの三貨のほかに、藩が自分の領国内で発行した藩札もありました。

金貨と銭貨は、貨幣自体に一定の価格が表示されている**計数**(けいすう)**貨幣**です。金貨には両・分・朱の単位があり、1両が4分に相当し、1分が4朱にあたるというように4進法が採用されました。ちなみに金1両は銭4貫文(4000文)に相当しました。これに対して、銀貨は、重さで取り引きする**秤量**(しょうりょう)**貨幣**であり、商取引のさい、重さを確認して使うの

が一般的であり、豆板銀、丁銀などの種類がありました。ちなみに、金1両が銀50匁に相当しました。一般に東日本では金が流通し、西日本では銀が使われたので「**江戸の金遣い大坂の銀遣い**」といわれました。

金・銀・銭の3貨の交換を業務とするのが両替商で、本両替と銭両替の2種類がありました。本両替は大坂に多く、金貨と銀貨の交換をはじめ、大名などへの貸付業務も行いました。大坂の本両替のなかでも**天王寺屋、平野屋、鴻池屋**らはとくに十人両替とよばれ、全両替商を支配しました。

一方、江戸の本両替は**三井 (越後屋)、鹿島屋、三谷**などがありました。銭両替は、金・銀貨と銭貨の交換を行う小規模なもので、銭屋ともよばれ江戸に多くみられました。

交通機関から読む江戸の経済事情

幕府は、**東海道**をはじめ**中山道・甲州道中・日光道中・奥州道中**の**五街道**を整備し、道中奉行がこれらの陸路を管理しました。五街道は幹線道路であり、このほかに、脇路として北国街道などの**脇街道 (脇往還)** も整備されました。

街道の両側には、旅人のために並木が植えられ、路程標

として一里塚がつくられました。「入鉄砲に出女」で知られる箱根関（東海道）などの要所には関所がつくられました。2～3里ごとには**宿場（宿駅）**が置かれ、参勤交代のさい大名らが利用する**本陣**や**脇本陣**、民衆のための**旅籠（屋）**や**木賃宿**、幕府の書状や荷物を継送する**問屋場**などがありました。書状や荷物を運んだのが**飛脚**で、幕府公用の継飛脚、大名のための大名飛脚、民衆のための町飛脚（三度飛脚・定六）などがありました。

　水上交通も整えられ、陸路は主に人が往来したのに対して、物資の運搬に使われました。江戸と大坂の間には南海路が開かれ、**菱垣廻船**や**樽廻船**が就航しました。また、**角倉了以**は高瀬川や富士川などの河川を整備し、**河村瑞賢**は東廻り海運・西廻り海運を開きました。松前と大坂との間には、西廻り海運を使って**北前船**が走りました。北前船は、大坂から穀物を積んで松前にいたり、松前からは海産物などを積んで大坂へもどりました。

4　近現代の日本の経済

明治政府はどのような経済政策をとったか

■地租改正と官営模範工場の建設

　明治政府は、財政の安定をめざして**地租改正**を実施しました。その前提として、1871年、田畑勝手作りの禁を解除し、翌年、田畑永代売買の禁令も解き、地券を発行して土地の所有者を明確にしました。そして、1873年に地租改正条例を公布し、課税基準を収穫高から地価にかえ、地価の3パーセントを地主が金納することとしました。

　これによって、政府の財政は安定しましたが、地租改正は江戸幕府の年貢収入高の維持を前提にして計画されたので、農民の負担はいっこうに軽減されませんでした。さらに、このとき入会地であったものが官有地にされたところもあり、地租改正反対一揆が勃発しました。このため政府は、1877年に地租を地価の2.5パーセントに引き下げました。

政府は**富国強兵**と**殖産興業**を二大スローガンにして、1870年に**工部省**を、1873年に**内務省**をそれぞれ設けました。内務省創設に尽力した**大久保利通**は、自らが初代の内務卿になりました。

　こうした政府の保護のもとに、群馬県の**富岡製糸場**や**新町紡績所**などの官営模範工場が各地に建設されました。1877年には、大久保の提唱で上野公園で第1回内国勧業博覧会が開かれました。

　また、1869年に蝦夷地を北海道と改称し、開拓使を設置して**屯田兵**制度を導入しました。1876年にはアメリカ人の**クラーク**を招いて札幌農学校を開校しました。

■明治時代の通信・交通網の整備

　通信では、**前島密**の意見で飛脚にかわって全国均一料金制を特徴とする郵便制度が発足し、1877年には万国郵便連合条約にも加盟しました。

　電信は、1869年に東京と横浜の間に設置されました。鉄道は、1872年、イギリスの資金と技術とによって東京(新橋)と横浜の間に官営鉄道が開通し、陸蒸気とよばれました。

　海運については、政府は**岩崎弥太郎**の三菱汽船会社(郵便汽船三菱会社)に保護を与えていましたが、1882年に三

井と半官半民の共同運輸会社をつくり、三菱汽船会社と対抗させました。しかし、両者は1885年に合併して、日本郵船会社となりました。

■金融制度の近代化を目指す

明治政府は、1868年に不換紙幣の**太政官札**を発行し、翌年には**民部省札**を出しました。しかし、これらの紙幣は、単位が両・分・朱だったことなど、旧幕府時代の要素を残しており、流通面でも不十分だったので、明治政府は新しい金融政策の必要性に迫られました。

前島密

貨幣については、1871年、**伊藤博文**の進言で新貨条例が出されました。**金本位制**をめざし、1円金貨を原価として、円・銭・厘の十進法を採用しました。

金本位制とは、一定量の金を通貨の単位価値として、通貨と金の兌換や金の自由な輸出入を認める制度で、具体的には国内では金貨または兌換紙幣を発行し、対外貿易の支払は金で行う(金輸出)ことです。

しかし、この時代の明治政府は、金の準備量も不十分だ

渋沢栄一

ったうえに、アジア諸国は銀本位だったので、開港場での貿易には銀貨(貿易銀)が使われ、実態は金銀複本位制という状況でした。

貨幣の準備にともなって金融制度の近代化もはかられ、1872年、渋沢栄一らの尽力で国立銀行条例が公布されました。これは、アメリカのナショナルバンクの制度にならったもので、民間のおもに政商たちに銀行設立を奨励した条例です。したがって、「国立銀行」という名称ですが、できた銀行は民間銀行でした。

国立銀行では、紙幣を発行することができましたが、正貨兌換を義務づけられ、兌換紙幣を発行しなければならなかったので、三井と小野組とによる第一国立銀行を始めとする4行しか開かれませんでした。そこで政府は、1876年、国立銀行条例を改正して、兌換義務をとり除いたところ、以後、国立銀行は増加していきました。

これは、金融制度の確立という点では望ましかったのですが、一方で国立銀行の増加は不換紙幣の乱発をまねきイ

ンフレが激化するというマイナス面もあり、1879年の第百五十三国立銀行を最後に設立が停止されました。

松方財政が果たした役割と産業革命の到来

■インフレからデフレへ

明治政府は、財源の不足から不換紙幣を乱発し、1876年以降は国立銀行が出す不換紙幣、さらに1877年の西南戦争の軍費をまかなうための不換紙幣の増発が加わり、インフレーションが頂点に達しました。

政府は、1880年、工場払下げ概則を出して赤字の官営工場の払下げ方針を決め、軍事・交通部門以外の工場を政商に払い下げて財政のスリム化をはかりましたが、払下げ条件が厳しかったため、現実にはそれほど進展しませんでした。

明治14年の政変ののち大蔵卿になった**松方正義**は、

松方正義

インフレーションをおさえるために**松方デフレ**とよばれる緊縮財政を行いました。酒税などの増税で収入を増加させ、軍事費以外の支出は極力切り詰めました。そして、紙幣整理を断行し、1882年には中央銀行として**日本銀行**を創設し、唯一の発券銀行と位置づけ、銀兌換銀行券を発行しました。このため、従来の国立銀行は発券権を失い、普通銀行となりました。

松方財政によって日本は**銀本位制**になりました。さらに、1884年、条件の厳しかった工場払下げ規制を廃止して、官営事業払下げを促進させました。

松方財政は、物価を引き下げインフレを抑制しましたが、デフレ政策は門の物価下落を招き不況をもたらしました。とくに米・繭価の暴落は農民を困窮へ追い込み、自作農の中には土地を手放して小作農に転落するものも相次ぎました。

一方では、土地の集中化が強まり、**寄生地主制**が進行しました。生活に困窮した農民たちは、自由党と結び、**1882年**の**福島事件**をはじめとする**激化事件**を各地で引きおこしました。

しかし、デフレ政策が一段落すると、低下した金利を利用して産業界が活気をおびるようになりになり、1886年から1889年ごろにかけては、紡績・鉄道などの分野で会

社設立ブームがおこりました。このように企業勃興の風潮が現れ、資本主義の基礎がつくられました。

■産業革命は何をもたらしたか

日清戦争の前後に軽工業を中心とする**第1次産業革命**がおきました。1882年に**渋沢栄一**が設立した大阪紡績会社は、蒸気を動力とするイギリスのミュール紡績機をとり入れた近代的紡績会社で、紡績業は手紡・ガラ紡から機械紡績へと発展しました。生産量も向上し、1890年には綿糸の生産量が輸入量を上回りました。

一方、製糸も座操製糸から**器械製糸**へと進歩しました。政府も1896年に**造船奨励法、航海奨励法**を出して側面的に援助しました。

1897年には、日清戦争で得た賠償金をもとに**貨幣法**を制定して、念願の金本位制を確立しました。また、横浜正金銀行、台湾銀行、日本興業銀行など特定分野に融資を行う特殊銀行も設立されました。

日露戦争の前後には、重工業を中心とした**第2次産業革命**が始まりました。

1897年、官営の**八幡製鉄所**を建設し、1901年から操業を開始しました。民間でも、アメリカ式旋盤を完成させた池貝鉄工所や三井とアームストロング社・ヴィッカース社

(英)による日本製鋼所が室蘭につくられました。鉄道は1881年に日本鉄道会社がつくられ、民間鉄道ブームが起きました。

　産業革命による産業の発展は労働者の増加をもたらし、その結果、社会運動も引き起こしました。

　1886年、甲府の雨宮製糸で初の女工ストライキが起こり、1894年には大阪の天満紡績工場でもストライキが発生しました。

　高野房太郎は、1897年に**職工義友会**をつくり、ついで**片山潜**と**労働組合期成会**を結成しました。これに応じて、鉄工組合、日本鉄道矯正会など職業別に労働組合がつくられました。

　1901年には**足尾鉱毒事件**で、**田中正造**が天皇に直訴するという事件も起きました。無産政党では、1901年、初の社会主義政党の社会民主党が結成されましたが、治安警察法によって即日、解散させられました。

　1903年には**平民社**がつくられ、1906年には初の合法的な社会主義政党の**日本社会党**が結成されました。しかし、1910年の**大逆**事件で、**幸徳秋水**ら12名が死刑となり、社会主義運動は「冬の時代」へと向かいました。政府も1911年に初の労働者保護法である**工場法**を公布しましたが、実施は5年後とされました。

大戦景気はなぜ冷え込むことになったのか

■第1次世界大戦後の好景気にわいた日本

　第1次世界大戦によって、日本は経済不況から脱出しました。ヨーロッパ市場やアジアへの綿織物やアメリカへの生糸の輸出が増え、1915年以降は輸出超過に転じ大戦景気が起こりました。

　1914年には11億円の債務国であった日本が、1920年には27億円以上の債権国になりました。この大戦景気で、鈴木商店のように急激に発展するものがあらわれ、成金とよばれました。

　大戦景気でまず、大きく伸びたのが物資をヨーロッパへ運搬するための海運業です。**内田汽船**の**内田信也**などの**船成金**(ふなりきん)が出現しました。

　海運業の発展とともに造船業、製鋼業も発達し、1918年には南満州鉄道株式会社が**鞍山製鉄所**(あんざん)を設立しました。

　また、ドイツからの輸入にたよっていた薬品・染料・肥料といった化学工業も輸入が途絶えたため発展をうながされることになりました。

　水力発電による電力事業ものび、1915年には猪苗代(いなわしろ)と東京との間に送電が成功し、1917年には工業原動力で、

電力が蒸気を追い越しました。

　こうしたことを背景として、工業生産額は5倍に増加し、1918年にはついに農業生産額を上回りました。

■戦後恐慌に関東大震災が追い打ちをかける

　大戦景気によって工場労働者数は増加して100万人を突破しました。それにともなって労働者の待遇などをめぐって社会運動、労働運動が高まりました。

　1912年、**鈴木文治**が労使協調の立場をとる**友愛会**をつくり、1919年には**大日本労働総同盟友愛会**、さらに1921年に**日本労働総同盟**に改称しました。1920年には第1回メーデーが行われ、日本社会主義同盟も結成されました。1922年には**堺利彦**らが非合法の**日本共産党**をつくり、部落解放をめざす**全国水平社**や**杉山元治郎**、**賀川豊彦**らによる**日本農民組合**も組織されました。

　婦人運動では、1911年に**平塚らいてう（明）**が**青鞜社**をつくりました。1920年には平塚・**市川房江**らが**新婦人協会**を、翌年には**山川菊栄**・**伊藤野枝**が**赤瀾会**を結成して夫人の政治参加の禁止を規定している治安警察法第5条の改正を要求し、1922年にこの要求をなしとげました。市川らは1924年、**婦人参政権獲得期成同盟会**をつくり、この会は翌年、**婦選獲得同盟**となりました。

第1次世界大戦が終わってヨーロッパ諸国が復興してくると、日本は1919年から輸入超過になり、大戦景気から一転して経済不況になりました。1920年には戦後恐慌が発生し、綿糸や生糸の相場は半値を割り、米価も大暴落しました。

　戦後恐慌のさなか、1923年9月1日、**関東大震災**が起こり、東京・横浜など関東地方の大都市に大被害を与えました。死者は10万人を数え、行方不明者は4万人以上にのぼりました。また、混乱に乗じて朝鮮人や中国人が暴動を起こしたというデマが流れ、関東地方の各地で朝鮮人・中国人が殺害されました。在日中国人の社会事業家で矯日共済会をつくった王希天も犠牲者の1人です。

　また、亀戸では、労働運動家の平沢計七、川合義虎らが警察・軍隊に殺害されました（**亀戸事件**）。9月16日には、無政府主義者の**大杉栄**と内縁の妻で女性運動家の**伊藤野枝**が、憲兵隊長**甘粕正彦**大尉に虐殺されるという**大杉事件（甘粕事件）**が起きました。

　関東大震災の打撃で震災恐慌が起こりました。これに対して、震災の翌日、加藤友三郎内閣にかわって成立した第2次山本権兵衛内閣が復興にあたりました。山本内閣は、内相に後藤新平、蔵相に井上準之助を起用し、東京市に戒厳令を施行して治安の維持をはかりました。そして、9月

7日には、1カ月間のモラトリアム（支払猶予令）を出して銀行の支払停止を認めました。

関東大震災の影響で現金化が不可能になった震災手形には、震災手形割引損失補償令を出し、日本銀行に4億3082万円の特別融資を行わせて決済しようとしましたが、震災手形の量が多すぎて完全に決済できず、のちに金融恐慌の原因となりました。

9月には**帝都復興院**(ていとふっこういん)がつくられて**後藤新平**内相が総裁に就き、大規模な復興計画を立てましたが最終的には大幅に削られてしまいました。こうしたなか、12月に大正天皇の摂政宮(せっしょうのみや)をつとめていた裕仁親王(ひろひとしんのう)が難波大助(なんばだいすけ)に狙撃されるという**虎の門**(とらのもん)**事件**が起こり、第2次山本権兵衛内閣は引責辞職しました。

世界恐慌から戦時経済までの動き

■金融恐慌下に起きた世界恐慌

1927年、憲政会を与党とする第1次**若槻礼次郎**内閣は、関東大震災で生じた震災手形の処理をはかりましたが、蔵相の失言がもとで銀行の取付け騒ぎが相次ぎ、金融恐慌が勃発しました。

第十五銀行など休業する銀行が相次ぎ、さらに成金の典型である鈴木商店の破産で巨額の融資をしていた台湾銀行が倒産の危機におちいりました。内閣は、台湾銀行を救うために、台湾銀行救済緊急勅令案を奏上しましたが、幣原喜重郎外相の協調外交に不満をもっていた枢密院はこの緊急勅令案を受け入れなかったため、内閣は総辞職に追い込まれました。あとを受けた立憲政友会の**田中義一**内閣は、3週間のモラトリアムを実施して、恐慌を静めることに成功しました。

　この時期、国民の預金は**三井・三菱・住友・安田・第一**の**五大銀行**に集中し、財閥も強化され独占資本（金融資本）が確立されました。

　田中内閣のあとの**浜口雄幸**内閣は、**井上準之助**を蔵相に起用し、為替相場の安定・貿易の推進をはかって**金輸出解禁（金解禁）**を行いました。浜口内閣は、緊縮財政・産業合理化を進めて国際競争力を強めた上で、1930年1月に旧平価による金解禁を実施して金本位制に復帰しましたが、前年にニューヨークのウォール街の株価大暴落に始まる**世界恐慌**と時期が重なってしまいました。世界恐慌のため、輸出が激減した上、その影響で昭和恐慌となり、金解禁は大量の金の海外流出を招くことになり、日本経済は大混乱におちいりました。

2-4 近現代

経済

浜口雄幸が東京駅で襲われて内閣が倒れたあと、同じく立憲民政党の第2次若槻礼次郎内閣が成立しましたが、満州事変に対応できず、1931年12月に立憲政友会の犬養毅内閣にかわりました。

犬養内閣のもとで高橋是清蔵相は、金輸出再禁止を断行し、紙幣の発行額を国家が管理統制する管理通貨制度をとりました。高橋蔵相は、公債を増発して軍事費や公共事業を増やし景気回復をはかりましたが(高橋財政)、これは歯止めのない軍拡を招くことにもなりました。

金輸出禁止の影響で円の為替相場が下落し、輸出が増大しましたが、一方では、イギリスをはじめとする列強のブロック経済と対立することになりました。列強からは、労働者の賃金切り下げによる安売り、すなわちソーシャル・ダンピングだと非難されました。

こうした中で、日本は1934年に**製鉄大合同**で日本製鉄会社をつくり、鋼材の自給を確保するとともに、日産コンツェルンなどの新興財閥が満州・朝鮮半島へ進出し始めました。

しかし、国内では農業恐慌がすすみ、**斎藤実**内閣に対して**農村救済請願運動**がおこり、内閣は農山漁村経済更生運動を推進しましたが、自力更生と隣保共助が中心の内容でした。

■第2次世界大戦下の経済

　1931年の満州事変、1937年の**盧溝橋事件**から日中戦争の勃発と軍国主義が進み、経済も戦時体制的になっていきました。第1次**近衛文麿**内閣が1938年に公布した国家総動員法は、帝国議会の承認を得ずに人的・物的資源の統制・運用を勅令で行うことができるという法令です。

　近衛内閣のあとをうけた**平沼騏一郎**内閣も近衛内閣の経済政策を受け継ぎ、1939年に国民徴用令を出し、国民を強制的に軍需工場へ動員できるようにしました。ついで、**阿部信行**内閣も1939年、**価格統制令**を公布して統制経済を強化しました。

　さらに、1940年には砂糖やマッチが切符制となり、農村に対しては米の強制買い上げ(供出制)が実施され、1941年には米が配給制になりました。

　第2次近衛文麿内閣の新体制運動によって、労働組合も解散を命じられました。すでに、第1次近衛文麿内閣によって1938年、産業報国連盟が結成されており、その指導のもと各職場に産業報国会がつくられていました。しかし、1940年に厚生大臣を総裁とする**大日本産業報国会**が結成されると、**全日本労働総同盟**をはじめとする労働組合は解散に追い込まれました。

終戦後、奇跡の復活をとげた日本経済

■戦後の日本経済の枠組み

　1945年、三井・三菱・住友・安田・日産などの15財閥に解体指令が出されました。そして、1947年には**独占禁止法**で持株会社が禁止され、**公正取引委員会**がこれを監視しました。同年、財閥解体のために**過度経済力集中排除法**が出され、持株会社管理委員会が実施にあたりましたが、銀行が分割対象外だった上に、当初、指定をうけていた325社のうち実際に分割されたのは、日本製鉄や三菱重工業など11社だけで、不徹底なものといわざるを得ませんでした。

　労働者に対しては、労働三法が公布され、**労働組合法**（1947年）で団結権・団体交渉権・争議権が保障され、**労働関係調整法**（1946年）で争議調整方法などが決められました。また、**労働基準法**（1947年）で48時間労働などが規定され、同年には労働省が設置されました。

　農村では、寄生地主制の解体をめざして農地改革が実施されました。**第1次農地改革**は、幣原喜重郎内閣が農地調整法を改正して自主的に行いましたが、在村地主の貸付地所有限度が5町歩もあったことなどからＧＨＱから認めら

れませんでした。そのため、第2次農地改革では、農地調整法の再改正とともに**自作農創設特別措置法**を公布して、不在地主の全貸付地・在村地主の1町歩(北海道は4町歩)を超える分を国家が強制的に買い上げることとし、小作料も25パーセント以内を金納することとしました。これによって、寄生地主制は解体されましたが、山村は対象外とされたため山林地主は解体をまぬがれました。

戦後の日本は、極度の物資不足と軍人の復員や民間人の引揚によってインフレが進行しました。人々は、農村へ買い出しに行ったり、闇市で物資を調達したりしました。

幣原喜重郎内閣は、このインフレを抑えるために、1946年に**金融緊急措置令**で、新円を発行して旧円と交換することにし、交換する額を世帯主は毎月300円、世帯員は100円に制限しました(新円切換、預金封鎖)。また、物価統制令を出したりもしましたが、インフレの抜本的な解決にはなりませんでした。

戦後経済の立て直しをはかった第1次**吉田茂**内閣は、1946年に**傾斜生産方式**を採用し、次の片山哲内閣もこれにならいました。

傾斜生産方式とは、経済安定本部の**有沢広巳**が発案し、石炭・鉄鉱などの重要産業部門に集中的に資金を援助するというもので、復興金融金庫が融資の窓口となりました。

このため鉱工業はいち早く復興しましたが、巨額の融資は、インフレをさらに助長することになりました。

進行するインフレに対して、ＧＨＱは第2次吉田茂内閣に対して、予算の均衡・徴税強化・賃金安定・物価統制・貿易改善などからなる**経済安定9原則**の実行を命じました。

また、デトロイト銀行頭取のドッジを派遣して、赤字の出ない予算である超均衡予算の作成、1ドルを360円の固定相場とする単一為替レートの設定など、**ドッジライン**とよばれる政策を行わせました。

さらに、コロンビア大学教授のシャウプを派遣して、所得税中心主義などからなる税制改革（**シャウプ勧告**）を実施させました。

一連のインフレ対策の結果、インフレの進行はとめられましたが、リストラなどによって失業者が増大し深刻な不況となりました。

労働団体では、1946年に共産党系の**全日本産業別労働組合会議（産別会議）**と反共産党系の**日本労働組合総同盟（総同盟）**が結成されましたが、1948年に産別会議は分裂し、反共産党系の**産別民主化同盟**が生まれました。さらに、1949年、**全国産業別労働組合連合（新産別）**、1950年に**日本労働組合総評議会（総評）**ができました。

こうした動きに対して**芦田均**内閣は、1948年に政令201号を出して国家公務員法を改定して官公庁労働者の争議権を奪いました。さらに、1949年に国鉄で起きた**下山定則**総裁の殺害事件である**下山事件**や**三鷹事件・松川事件**といった怪事件を組合と共産党のしわざだとして弾圧を加え、労働運動に打撃を与えました。

■特需景気から経済大国へといたる道

　1950年から1953年にかけて起きた朝鮮戦争で、国連軍の主体となった米軍の物資の供給源となったため、日本は特需景気にわき立ちました。

　1950年代初めには鉱工業生産が戦前の水準に回復し、1952年には国際通貨基金（IMF）と世界銀行へ加盟しました。

　1955年からは**神武景気**となり、日本は高度経済成長の時代をむかえ、GATT（関税と貿易に関する一般協定）にも加盟しました。

　一般家庭には、「**三種の神器**」と称される冷蔵庫・白黒テレビ・洗濯機が普及し、1956年度の『経済白書』には、**「もはや戦後ではない」**と記されました。技術革新と設備投資が進みましたが、これは生産過剰を招き、1957年は一時的になべ底不況となりました。

1958年からは岩戸(いわと)景気となり、池田勇人内閣による**所得倍増計画**などで、経済は高度成長を続けました。

　国際的には、1963年にGATT11条国へ移行、1964年にはIMF8条国へ移行し、**OECD（経済協力開発機構）**に加盟しました。

　1966年からはいざなぎ景気が始まり、クーラー・カラーテレビ・自家用車の3Cも普及しました。1968年にはGNP（国民総生産）が資本主義諸国の中で、アメリカについで第2位となり、経済大国に成長しました。

　しかし、経済成長重視の政策は、生活環境を破壊し、水俣病(みなまたびょう)などの公害問題へと発展しました。政府は、1967年に公害対策基本法を制定し、1971年に環境庁を設立しました。

　1971年の**ニクソン・ショック**後の**スミソニアン協定**で円は1ドル＝308円に切り上げられ、1973年からは変動相場制(へんどうそうばせい)になりました。1973年10月に始まった第4次中東戦争で石油価格が引き上げられ、**石油ショック**がおきると、1974年に戦後初めて経済成長がマイナスとなりました。しかし、1976年に不況から抜け出し、1979年のイラン革命による第2次石油ショックからもいち早く立ち直り安定成長期をむかえましたが、貿易黒字の拡大は、アメリカとの間に貿易摩擦を引きおこしました。

バブル経済はなぜ起き、そしてはじけたか

1980年代に日本の対米貿易黒字は激増しました。そこで、アメリカは日本に自動車などの輸出自主規制を求めるとともに農産物の輸入自由化を強く要求しました。日本政府は、1988年に牛肉・オレンジの輸入自由化を決め、1991年に実施しました。

こうしたことや1985年のＧ５（5カ国蔵相会議）による**プラザ合意**ののちの円高によって輸出が減り一時的な円高不況になりました。円高は1985年には240円台となり、その後も続き1994年には100円を割り、1995年にはついに80円を割りました。しかし、この不況を日本は内需拡大によって乗り切り大型景気をむかえました。

1987年ころから大型景気は実体経済をかけはなれて泡（バブル）のようにふくれ上がり、**バブル経済**とよばれるようになりました。超低金利政策の影響と金余りのため、巨大な資金が土地や株に流れこみ、このため地価・株価は異常に高騰しました。企業は、一見すると好調なようにみえましたが、円高によって生産拠点を海外に移す企業も増え、**産業の空洞化**がすすみました。1990年ごろから限界を超

えた株価は下落をみせ、地価も1991年ころから下がり出し、52カ月続いたバブル経済はいっきに消え去り長期不況へと突入していきました(**平成不況**)。

　1990年代は「失われた10年」といわれる低迷期の中で、1997年の消費税引き上げも景気の悪化に拍車をかけ、1998年には、日本列島総不況といわれました。大手銀行は他の銀行との統合（金融機関再編成）を展開し、2002年には景気の拡大が続きましたが、実質成長率は平均2パーセント弱と低く、「実感なき景気回復」といわれました。2008年には、アメリカの証券会社リーマン・ブラザースの経営破綻(**リーマン・ショック**)で世界金融危機となり、日本も不況となり**「失われた20年」**ともいわれました。

第 3 講

「外交」からたどる日本の歴史

1　古代日本の外交

4、5世紀の日本をとりまく状況

■ 4世紀の日本と大陸の関係

　4世紀は東アジアの激動期といえます。中国では、国内の統一をはたした晋が4世紀初めに弱体化して南北朝時代を迎えます。

　朝鮮半島の北部に目をやると、**高句麗**が勢力をのばし、313年、ついに中国の支配地であった**楽浪郡**を滅ぼしました。半島の南部はというと、**馬韓・弁韓・辰韓**の三韓時代を経て、馬韓は**百済**、辰韓は**新羅**という統一国家をそれぞれつくりますが、弁韓だけは統一国家ができず小国家分立のまま**伽耶（加羅・任那）**とよばれました。伽耶は鉄資源に恵まれていたこともあって、日本も早くから進出し、交渉をもちました。

　4世紀の日本の状況を知る有力な手がかりのひとつに**好太王碑文**があります。好太王碑文は、高句麗王の好太王

(広開土王)の功績を子の長寿王が記して、都の丸都城(現在の中国吉林省集安市)に建てたものです。

その中に「倭、辛卯の年よりこのかた海を渡りて百残を破り新羅を□□し、以て臣民と為」とあり、日本が辛卯の年(391年)に朝鮮半島に派兵して高句麗と戦ったことが記されています。

■倭の五王による朝貢

5世紀には、倭の五王といわれる**讃・珍・済・興・武**があいついで中国の宋(南朝)に朝貢したことが『宋書』の倭国伝に記されています。これらの5人のうち、済・興・武については、允恭・安康・雄略の各天皇にあたるとされていますが、讃と珍とについては諸説あって確定されるまでにいたっていません。

雄略に関しては、『宋書』倭国伝に残されている上表文が知られています。その内容は、武の祖先のときから武装して休む間もなく戦い、東方は蝦夷の国々を55、西方は隼人や熊襲の国々を66、さらに朝鮮半島の国々を95も平定した、というものです。

武、すなわち雄略の時代にこのような歴史事実があったとはいい難いですが、埼玉県の稲荷山古墳の鉄剣銘や熊本県の江田船山古墳の鉄刀銘にある**「獲加多支鹵大王」**と雄

略は同一人物とされており、雄略のときに国土の拡大化がなされたことをうかがうことは可能です。

朝貢外交から対等外交への変化——推古朝の時代

中国は晋のあと、南北朝の分裂時代が続いていましたが、581年に**隋**がおこり589年に文帝が南朝の陳を滅ぼし南北朝の統一をはたしました。日本は倭の五王が使節を送って以来、中国との交渉はありませんでしたが、隋との間に**遣隋使**を派遣して国交を開きました。第1回の遣隋使派遣は600年とされていますが、これについては『隋書』には記載されているものの、日本側の基本史料である『日本書紀』には記事がないため疑問視されてもいます。

確実な遣隋使がみられるのは、**煬帝**の治世に入ってからです。『隋書』の倭国伝には、大業3 (607) 年に「其の王**多利思比孤**、使を遣して朝貢す」とあり、これが『日本書紀』でも確認できる第1回目のものです。ここにみられる「多利思比孤」については、当時の日本の大王 (天皇) とすれば推古をさし、「比孤」が彦すなわち男性名と考えれば聖徳太子のことかともいわれ、特定することが困難ですが、「使」は**小野妹子**のことをさします。

この派遣で注目されるのは、倭の五王の時代は朝貢外交であったのに対して、対等外交の姿勢を打ち出したことです。隋の皇帝煬帝は、小野妹子らの使節に対して不快の態度を示しましたが、当時の隋は高句麗遠征計画もあって、日本との交流を保つことにし、翌608年に答礼使として裴世清を派遣しました。

　この裴世清を隋に送り届けることも兼ねて、608年、再び小野妹子が遣隋使として海を渡りました。このとき、留学生として**高向玄理**、学問僧として**南淵請安・旻**らが同行しました。帰国してからは新知識を伝え、大化の改新のさいには、高向玄理と旻は政治顧問である国博士になりました。

　隋は618年に滅んだため、614年に海を渡った**犬上御田鍬**が最後の遣隋使です。中国への使節派遣は次の唐の時代になっても続き、630年には犬上御田鍬が第1回の**遣唐使**として派遣されています。

白村江の戦いをどう読むか

■斉明・天智朝の半島政策

　朝鮮半島では6世紀後半以降、新羅の勢力がしだいに増

し、7世紀に入ると半島の統一をめざして、百済と激しく対立するようになりました。660年、唐と連合した新羅は、百済の泗沘城（扶余）を攻め落とし百済は滅亡にいたりました。しかし、そのあとも百済は復興をめざして日本に援軍を求め、唐・新羅連合軍に対して抵抗を続けました。

当時の日本は、中大兄皇子が母の斉明天皇を重祚させ、事実上の実権を握っていました。中大兄皇子は、百済からの援軍の求めに応じて朝鮮半島への出兵を決め、ここに半島を舞台に日本・百済連合軍と唐・新羅連合軍とが激突することになります。

663年、**白村江**の近くの州柔におかれていた百済の拠点は新羅軍によって打ち破られ、錦江の河口である白村江での水上戦は、日本軍が唐軍に大敗してしまいました。これによって、百済は完全に滅亡し、日本も朝鮮半島において足場を失うことになりました。

白村江の戦いを契機に新羅はいっそう強大化して、668年には唐と協力して高句麗を亡ぼし、さらに676年には唐の勢力を半島から追い出すことに成功し、ついに朝鮮半島の統一に成功しました。

■戦いに敗れた日本はどうしたか

白村江の戦いに敗れた日本は、今度は唐と新羅の連合軍

による攻撃の脅威にさらされることになりました。その対策として、664年には対馬・壱岐・筑紫に**烽**と**防人**をおき、筑紫にはさらに大宰府の北に防御施設として**水城**を設けました。

水城は、全長1キロメートルにも及ぶ堤で、中には御笠川をせき止めて引いた水をたたえていました。さらに翌665年には、大宰府の防衛のために北方に大野城、南方に**基肄城**といった朝鮮式山城がつくられました。朝鮮式山城は、山上に石垣や土塁をめぐらせた山城で、九州北部から瀬戸内海周辺にかけてつくられた防御施設です。

667年、称制をとっていた中大兄皇子は都を交通の要地である琵琶湖のほとりにある近江の大津宮に遷都しました。これも唐・新羅連合軍の攻撃を想定して万一敗れたときの退路を確保するためでした。

遣唐使が果たした本当の役割

■危険のなかの渡航

630年に**犬上御田鍬**が第1回の**遣唐使**として唐へ渡ってから、菅原道真の意見で894年に廃止とされるまで、16回の遣唐使が派遣されました。

遣唐使の一行は、4隻の船で渡航するのが一般的で、「よつの船」ともいわれました。大使をはじめとして留学生・留学僧など総勢100人から250人にもおよび、多いときには500人をこえることもありました。
　遣唐使は、唐の進んだ文化や技術・知識を日本へもたらしましたが、航海にはいつも大きな危険がともないました。造船技術や航海術が未発達だったため、航路はできるだけ沿岸部にそうように設定されました。初めは朝鮮半島の西側にそって唐へ向かう北路が使われていましたが、8世紀に入り新羅との関係が悪化し始めると、やむをえず沿岸部を離れた南島路・南路をとらざるを得なくなり危険度がいっそう高まりました。

■渤海の成立がもたらした影響
　698年、大祚栄が朝鮮半島の北部から旧満州の東部にかけて渤海を建国しました。渤海は北方民族のツングース系の国家で、建国の中心となったのは高句麗人と靺鞨人でした。唐の影響を強く受け、都の都市プランは長安に似ており、日本や新羅よりもはるかに高度な規格性をもっていました。
　渤海は、唐や新羅との対立をはじめとする国際関係から日本との交渉をのぞみ、727年、第1回の渤海使を送ってきました。渤海使は727年から919年の間に30回あまり来

日し、日本も新羅との対立関係から情勢を有利にしようと渤海と友好を結びました。728年から13回にわたって**遣渤海使**を派遣しています。

新羅との対立は、遣唐使の航路にも影響し、新羅をさけて唐へ渡るという点からも渤海は重要な位置を占めました。

両国の交渉目的は、最初は政治的でしたが、しだいに貿易上の利益が中心となり、渤海からは毛皮・薬用人参・蜂蜜などがもたらされ、日本からは絹糸・織物・漆器などが送られました。

■遣唐使は日本をどう変えたか

古代におけるさまざまな対外交渉のうち、日本の社会に最も影響をもたらしたものといえば、やはり**遣唐使**の存在でしょう。

遣唐使の長官である遣唐大使には、学識豊かな文化人たちが任命されました。701年の遣唐使で大使をつとめた**粟田真人**は、大宝律令の編纂にたずさわったことで知られる人物です。また、752年の遣唐大使となった藤原清河は北家をひらいた藤原房前の子です。

遣唐使には多くの留学生や留学僧も含まれ、彼らのもたらした知識は律令国家に大きく貢献しました。主な留学生では、**吉備真備・阿倍仲麻呂**や三筆の一人である　橘逸

勢がいます。阿倍仲麻呂は、唐の玄宗皇帝に重用され、朝衡という名で王朝に仕え李白など多くの文人と交わりました。しかし、日本へ帰ることなく唐で客死しました。彼の望郷の歌は百人一首にもとられています。また、近年、吉備真備や阿倍仲麻呂と同じ717年の遣唐使で海を渡り、唐で客死した留学生として**井真成**という人物の墓誌が中国でみつかり話題になりました。

留学僧では、吉備真備や阿倍仲麻呂と同じく717年に唐へ渡った**玄昉**がいます。804年の遣唐使にしたがった**空海**と**最澄**も有名です。空海は密教である**真言宗**をもたらし、最澄は**天台宗**を伝えました。

僧では、唐から来日した人物もいました。その代表としては、**鑑真**があげられます。鑑真は、5回も渡航に失敗して失明しましたが、754年、ついに来日に成功して戒律を伝えました。さらに、**唐招提寺**を開き、**南都六宗**のひとつである**律宗**の祖となりました。

遣唐使廃止後の大陸との交流

■日宋貿易に目をつけた平清盛

630年の第1回遣唐使の巡遣以来、律令制をはじめ多く

の文物や知識が唐からもたらされましたが、8世紀に**安史の乱**が起きると唐は衰退へと向かいはじめました。**菅原道真**は、もはや多くの危険をおかしてまで渡航する意義がないとして遣唐使の廃止を建議しました。その結果、894年に、遣唐使は廃止されることになりました。

　唐が907年に滅亡したあと中国は**五代十国**とよばれる混乱期をむかえます。これらの中から960年に**趙匡胤**（**太祖**）が**宋**（**北宋**）を建国し、混乱を収拾しました。しかし、北宋は1127年に金に征服されて滅び、高宗が**南宋**を建国したもののこれも1279年、**元**によって滅ぼされました。

　遣唐使の廃止後も宋の貿易船は国交を求めて九州へ来貢していましたが、日本の貴族たちは消極的で正式な国交を開こうとはしませんでした。けれども私貿易は積極的に行われており、たとえば**平清盛**はこうした貿易を通して莫大な富を得ました。清盛は、貿易の拡大をはかって、現在の神戸港の一部にあたる**大輪田泊**の修築や広島湾の東部にあたる**音戸の瀬戸**の航路を整備したりしました。こうした清盛の努力で、日宋貿易の利益は、知行国や荘園とともに平氏政権の経済基盤となりました。日本からは砂金・硫黄・刀剣・扇・漆器・真珠・水銀・蒔絵などが輸出され、宋からは宋銭・香料・茶・陶磁器・文具などが「唐物」としてもたらされ珍重されました。かわったところでは、百

科全書の『太平御覧』なども輸入されています。

　正式な国交がないため日本人の渡航は禁止されていましたが、僧は対象外であったため**奝然**（ちょうねん）・**寂照**（じゃくしょう）・**成尋**（じょういん）らが中国へ渡り、大陸の文物をもたらしました。

■渤海、新羅の滅亡

　唐の滅亡と同じころ、日本と交流のあった朝鮮半島の渤海も**契丹**（きったん）**(遼)** に滅ぼされ (926年)、新羅も918年に**高麗**（こうらい）に滅ぼされました。

　1019年には、中国の東北部にいた**刀伊**（とい）が対馬・壱岐から博多湾に侵入しました。これが**刀伊の入寇**とよばれる事件ですが、**大宰権帥**（だざいのごんのそつ）であった藤原隆家（たかいえ）らがこれを撃退しました。刀伊は沿海州地方を生活の場としていましたが、50艘あまりの船団で突然、博多湾に侵入してきました。これを防いだ藤原隆家は、都で藤原道長との権力争いに敗れ、大宰府に左遷されていた人物であり、このとき隆家に協力して奮戦した官人の子孫が菊池氏をはじめとして、のちに九州の有力武士に成長していくことになります。

2　中世日本の外交

・・・・・・・・・・・・・・・・・・・・・・・・
モンゴル帝国が変えた東アジア世界
・・・・・・・・・・・・・・・・・・・・・・・・

■元の建国

　960年、**趙匡胤（太祖）**が**宋（北宋）**を建国しました。しかし、宋は北方民族の金・遼・西夏といった国々の圧迫に苦しみ、1277年に靖康の変で金に滅ぼされるという事態を引き起こしました。宋が滅びた年、高宗が宋の再建を行いました。これが南宋の始まりです。しかし、南宋も北方民族の圧迫に苦しみ、1279年、元のフビライによって滅ぼされてしまいました。

　一方、モンゴル草原からでた**チンギス・ハン**は、金や西夏と戦い、13世紀後半には中国を含む**蒙古（モンゴル）帝国**を建国しました。その後、モンゴル帝国の第5代皇帝となった**フビライ**は国号を元として、1264年、都を大都（現在の北京）に定めました。

■文永の役と弘安の役

フビライは、日本にも朝貢を求めてきましたが、時の8代執権**北条時宗**(ときむね)はこの申し出を拒否しました。そのため、元軍は1274年に博多湾に襲来し、**文永**(ぶんえい)**の役**が起こりました。鎌倉幕府は1271年にすでに元の襲来に備えて九州の沿岸を警備する**異国警固番役**(いこくけいごばんやく)を設置していました。しかし、元軍は**高麗**(こうらい)軍を従えて朝鮮半島から来襲し、集団戦法や「てつはう」とよばれる武器を使って大宰府に迫りました。苦戦を強いられた幕府軍ですが、このときは暴風雨が発生し、元軍は退去を余儀なくされました。

文永の役のあと、幕府は元軍の再来襲に備えて異国警固番役を強化して、博多湾沿岸に石や砂を積んだ**石塁**(せきるい)で**防塁**(ぼうるい)をつくり防備を固めました。1281年、元軍は朝鮮半島からの東路軍と中国本土からの江南軍とに分かれて再び襲来しましたが、またも暴風雨のために退去せざるを得ませんでした。これを**弘安**(こうあん)**の役**といい、先の文永の役と合わせて、**元寇**(げんこう)とか**蒙古襲来**とかとよんでいます。

朝鮮半島では、936年に**王建**(おうけん)が半島の統一に成功しました。新羅(しらぎ)に代わった**高麗**は、唐との交流などで栄えましたが、1259年に元の支配下に入り、元寇では日本への襲来を命じられ国力をそがれました。

加えて13世紀ころから、朝鮮半島や中国の沿岸を中心

に金品を強奪する武装集団の**倭寇**が出現し、その対策に悩まされました。結局、高麗は13世紀以降、倭寇の侵入を押さえることができず衰退していき、1392年、**李成桂**によって滅ぼされ、同年、**李氏朝鮮**が建国されました。

日明貿易にのぞんだ足利義満の思惑

■勘合貿易の仕組みとは

　元寇ののち、悪化した中国との関係は室町時代になっても継承され、その初期には日本と中国との間に正式な国交はありませんでした。かつて、北条高時が派遣した建長寺船をまねて、1342年、足利尊氏が天竜寺の造営費用を得る目的で天竜寺船を元に派遣したことはありますが、これはあくまで私貿易の形式で行われたものでした。

　1368年、**朱元璋**（**洪武帝**）が**明**を建国すると、日本に倭寇のとりしまりを要求してきました。これをうけた室町幕府の3代将軍足利義満は、1401年、僧の祖阿を正使として、博多商人の肥富を副使として明へ派遣しました。

　そして、翌年、明から「日本国王源道義」（足利義満）あての返書と中国の暦である大統暦が送られてきました。これは、明の冊封体制の中に入ることを要求したものであり、

義満はこれに対して1403年に自らを「日本国王臣源」と名乗って国書を送り、臣下の礼をとりました。

　明との国交が回復した結果、1404年から**日明貿易**が開始されました。この貿易は、形式的には朝貢貿易を強要されましたが、明での滞在費などはすべて明側が負担したので、日本の利益は莫大なものでした。足利義満は体面よりも実利をとったわけです。

　日本からの貿易船は、正式な貿易船の証明として勘合を持参することを義務づけられたため勘合船とよばれました。勘合船は査証港である寧波で勘合をあわせたあと、北京への上陸が許されました。日明貿易は、こうしたことから**勘合貿易**と称されます。

　勘合貿易では、日本から銅・刀剣・扇などが輸出され、明からは銅銭・生糸・大唐米などの唐物が輸入されました。

■寧波の乱で勝利した大内氏

　足利義満によって開かれた勘合貿易は、その後、4代将軍義持が朝貢形式をきらって中断しましたが、6代将軍義教によって再開されました。このように勘合貿易は、室町幕府によって直営されていましたが、幕府の衰えとともに、貿易の実権は博多商人と結んだ大内氏と堺商人と結んだ細川氏の手に移っていきました。その結果、1523年、

中国の寧波で勘合の真偽をめぐって両者が衝突するという**寧波の乱**が起きました。この衝突は大内氏側が勝利をおさめ、以後、勘合貿易は大内氏の独占となりましたが、16世紀半ばに下剋上で大内氏が滅亡すると勘合貿易にも終止符が打たれました。

中世日本と諸地域の貿易

1392年、朝鮮半島に**李氏朝鮮**が建国されると、足利義満は国交を開き、対馬の宗氏を通して貿易を開始しました。

日朝貿易は、日明貿易と同様で勘合形式を用い、通行証は通信符とよばれました。日本からは、銅・硫黄や染料である蘇木などが輸出され、朝鮮からは木綿・人参・大蔵経などがもたらされました。

そののち、日朝貿易は1419年に朝鮮軍が対馬に来襲するという**応永の外寇**によって一時中断されましたが、倭寇を鎮圧することが目的であったことがわかり、1423年に再び貿易は再開されました。

1443年には、宗貞盛が嘉吉条約を結び、宗氏が派遣する貿易船を年間50隻に限定しました。朝鮮側は貿易のために、富山浦(釜山)、乃而浦(薺浦)、塩浦(蔚山)の三浦

を開き倭館を設置しましたが、1510年に三浦で日本人が起こした**三浦の乱**をきっかけに、日朝貿易は衰退へと向かいました。

沖縄では、11世紀の末ごろ**按司**があらわれ、14世紀の中頃の中期に**北山・中山・南山**の3つの王国（三山）が成立しました。三山は互いに抗争をくり返し、中山王の**尚巴志**が1416年に北山を滅ぼし、さらに、1429年に南山も滅ぼして三山を統一し、ここに首里を王府とする**琉球王国**が誕生しました。琉球王国は、那覇を拠点として東南アジアの諸国と中継貿易をおこない、大きな利益を得ました。

鎌倉時代に**蝦夷管領**に任命された安藤氏は、津軽を拠点に蝦夷（北海道）の南部を支配し、**道南十二館**とよばれる館を中心とした居住地をつくりました。本州から蝦夷に渡った人びとは**和人**とよばれました。和人は、先住民のアイヌをしだいに圧迫していました。1457年、アイヌ人たちは、大首長のコシャマインを中心に**コシャマインの戦い**を起こしましたが、道南の豪族蠣崎氏の**客将武田信広**によって鎮圧されました。武田信広は、蠣崎氏を継いで道南の支配者となっていきました。その後、蠣崎氏は慶広のとき豊臣秀吉から蝦夷島主を認められ、ついで徳川家康にも認められて、**松前氏**と名をあらためました。

3　近世日本の外交

・・・・・・・・・・・・・・・・・・・・・・・・・
信長、秀吉は世界をどう見ていたか
・・・・・・・・・・・・・・・・・・・・・・・・・

■鉄砲とキリスト教の伝来

　大航海時代に突入したヨーロッパでは、ポルトガルやイスパニア（スペイン）がアジアへの進出をめざすようになりました。ポルトガルはインドのゴアに政庁を置き、さらに、マレー半島のマラッカや中国のマカオに進出しました。イスパニアは政庁を置いたルソン（フィリピン）のマニラを拠点に東アジア貿易を展開しました。

　ポルトガル人やイスパニア人たちの活動は日本にも少なからず影響を与えました。1543年、ポルトガル人を乗せた中国船が種子島に漂着しました。このとき島主の**種子島時堯**（ときたか）はポルトガル人から鉄砲を購入しました。これが日本への**鉄砲伝来**です。また、1549年には、イエズス会の宣教師**フランシスコ・ザビエル**がキリスト教の布教のため鹿児島へ上陸しました。ザビエルはマラッカで日本人のヤジ

ロー（アンジロー）に会い、日本での布教を決心したといわれていますが、当時、戦国時代であった日本では十分な活動をすることができませんでした。ザビエルは、山口の大内義隆や豊後府内の大友義鎮のもとで布教したあと、1551年にはインドにもどりました。

ポルトガル人とイスパニア人のことを日本では南蛮人とよび、彼らとの貿易を南蛮貿易といいました。南蛮船は、鉄砲・火薬のほかに生糸・香料などをもたらし、日本からは銀・刀剣・硫黄などが輸出されました。貿易港としては、大友氏の府内、松浦氏の平戸などがありますが、大村純忠が長崎に港を開いてからは、長崎が南蛮貿易の中心となりました。

鉄砲をはじめ南蛮船がもたらす品々は、戦国大名たちの目をひき、それに乗じて宣教師たちは貿易と布教とを一体化してキリスト教を広めていきました。

多くの戦国大名たちは、南蛮貿易を目当てにキリスト教を保護しましたが、中には洗礼を受けて入信したキリシタン大名も出現しました。1582年に伊東マンショらの少年を天正遣欧使節として派遣した大友義鎮や有馬晴信や大村純忠は代表的なキリシタン大名です。ほかには豊臣秀吉に仕えた小西行長や黒田孝高（如水）、高山右近らが有名です。

豊臣秀吉は、南蛮貿易を奨励し、キリスト教は禁止の立場をとりました。しかし、貿易の奨励を重視したので禁教は不徹底になりがちでした。はじめはキリスト教を認めていた秀吉ですが、九州平定のさい大村純忠が長崎をイエズス会に寄進していたことを知り、1587年、博多でバテレン（宣教師）追放令を出しました。このとき、キリシタン大名のひとり高山右近は、領地を取り上げられました。その一方で、海賊取締令を出して倭寇を禁止して南蛮貿易を奨励してもいます。

　キリスト教の弾圧としては、1596年、土佐に漂着したイスパニア船サン・フェリペ号の乗組員が、キリスト教は領土的野心をもっていると失言したことから端を発した**サン・フェリペ号事件**があげられます。この事件の余波は大きく、長崎で26人の宣教師や信徒が処刑された二十六聖人殉教を引き起こしました。

■秀吉が朝鮮出兵に踏み切った理由

　豊臣秀吉は対外的に積極的政策を進めましたが、当時の明は原則的に貿易を禁止する海禁政策をとっていました。秀吉はゴアのポルトガル政庁やマニラのイスパニア政庁、さらに高山国（台湾）に対して、服属と朝貢を求めましたが失敗に終わりました。朝鮮には対馬の宗氏を通して、1587

年、入貢と明への出兵の案内を求めましたが、朝鮮側に拒否されました。そこで、朝鮮への出兵を命じ、**文禄・慶長の役**を起こしました。

まず秀吉は、1592年、肥前の名護屋を本陣にして、15万人あまりの大軍を朝鮮へ送りました(**文禄の役**)。

日本軍は、加藤清正や小西行長らによって、漢城(現ソウル)や平壌(現ピョンヤン)を占領しましたが、李舜臣が率いる亀甲船の水軍や朝鮮の民衆たちによる義兵などの抵抗に苦しみ、さらに、明が朝鮮を救援したので、1593年の碧蹄館の戦いをきっかけに停戦となりました。

小西行長が朝鮮の宗主国である明と講和交渉にあたりましたが失敗におわり、1597年、秀吉は再び14万人余りの大軍を朝鮮に派遣しました(**慶長の役**)。しかし、戦局は日本軍に不利で、1598年の秀吉の死をきっかけに朝鮮半島から撤兵しました。2度にわたった朝鮮出兵は、結局は何も得るところはなく、多くの戦費と兵力を無駄にして豊臣政権の崩壊要因となりました。

家康は世界をどう見ていたか

徳川家康も秀吉と同様に貿易を奨励しました。そのため、

朱印船貿易が展開され、東南アジアの各地には日本町ができました。**山田長政**は、日本町のひとつであるシャムのアユタヤの指導者として頭角をあらわし、リゴールの太守にまでなりました。

　家康は、1600年、豊後に漂着したオランダ船リーフデ号の乗員であったオランダ人ヤン・ヨーステンとイギリス人**ウィリアム・アダムズ(三浦按針)**を外交・貿易顧問としました。また、京都の商人**田中勝介**をイスパニア領であったノビスパン(メキシコ)に派遣して貿易を試みました。

　イスパニアには**伊達政宗**も**慶長遣欧使節**として**支倉常長**を派遣し貿易を求めました。

　一方、家康は朝鮮との間に講和を求め、1607年には**朝鮮通信使**が来日しました。以後、将軍の代替わりごとに来日するようになりました。

　さらに、1609年には、対馬の宗氏と朝鮮との間に己酉(慶長)約条も結ばれました。

　琉球王国は、1609年に**島津家久**によって征服され、以後、徳川将軍の代替わりごとに**慶賀使**、琉球国王の代替わりごとに**謝恩使**を江戸に派遣しました。

　蝦夷地は、**松前氏**が統治し、先住民のアイヌは松前氏に反発しましたが、1669年の**シャクシャインの戦い**に敗れてからは服従するようになりました。

200年にもおよぶ鎖国体制の確立

　幕府は、貿易を奨励しましたが、それ以上にキリスト教禁止を重視しました。そのため、次第に幕府の外交方針は鎖国へとむかうことになりました。

　1633年、幕府は将軍の出す朱印状に加えて老中が出す奉書をもつ奉書船以外の渡航を禁止し、1635年には、日本人の海外渡航を禁止しました。

　さらに、幕府の鎖国政策に拍車をかけたのは、1637年に起きた**天草四郎時貞**を大将とする**島原の乱**です。圧政に耐えかねた島原・天草地方のキリシタンたちが原城にたてこもって幕府軍に抗戦したこの乱は、あらためてキリスト教の恐さを幕府に植えつけ、禁教がいっそう強化される契機となりました。

　1639年、ポルトガル船の来航が禁止され、ついで1641年に平戸のオランダ商館を**長崎**の**出島**へ移しました。中国人も長崎郊外の唐人屋敷に居住が制限されました。

　鎖国の完成によって、海外からの主な情報源は、オランダ商館長（カピタン）が幕府に提出するオランダ風説書のみとなりました。

開国を迫られた日本がとった道

■外国船への対応の変化

　鎖国を続けていた日本に、いち速く、通商を迫ったのはロシアでした。1792年、ロシアの**ラクスマン**が女帝エカチェリーナ2世の親書をたずさえて根室へ来航し、通商を求めました。このとき、漂流民の**大黒屋光太夫**もともにロシアから帰国しました。幕府は、外交については長崎が窓口であるという苦肉の策でこれを退けましたが、1804年、**レザーフ**が長崎へ来航し通商を迫りました。そうした折、1811年に**ゴローウニン事件**が起こりました。ロシアのゴローウニンが国後島で日本側に捕らえられ、箱館（函館）へ移送されるというこの事件に対して、ロシア側は翌1812年、日本人商人の**高田屋嘉兵衛**を捕らえ報復にでました。この事件は、ゴローウニンと高田屋嘉兵衛の相互釈放ということで終結をみましたが、幕府に北方への備えの重要性を喚起させる契機となりました。ゴローウニンが日本滞在中のことを記録したのが『**日本幽囚記**』です。

　幕府はロシアの動きに対応するために、1798年に**近藤重蔵**を千島へ派遣して調査を命じました。また、1808年には**間宮林蔵**に樺太を探険させました。間宮は樺太が大陸

の一部ではなく島であることを確認しました。間宮海峡は彼の名にちなむものです。

さらに、幕府は外国船への対応策として、1806年に**文化の撫恤令**を出し、外国船に対しては薪・水・食糧などを与えて退去させるという方針をとりました。しかし、1808年に長崎にイギリス船フュートン号が侵入するという**フュートン号事件**を契機に、幕府の外国船対応は一変しました。1825年の**異国船打払令**（無二念打払令）によって幕府は、外国船をみかけたら有無をいわさず追い払えという方針をとったのです。この結果、日本人漂流民をつれて1837年に来航したアメリカ船のモリソン号が相模の浦賀と薩摩の山川で砲撃を受けるという**モリソン号事件**がおこりました。この事件に関しては、国内からも批判がまき起こり、渡辺崋山は『**慎機論**』で、また、高野長英は『**戊戌夢物語**』で幕府を批判しました。これに対して幕府は強い姿勢で臨み、渡辺・高野は**蛮社の獄**で弾圧されてしまいました。しかし、隣国の中国で1840年に**アヘン戦争**が起こり、イギリスとの戦争に敗れた中国が屈辱的な南京条約を結ばされるとすぐに、幕府は外国船への対応を改め、1842年に**天保の薪水給与令**を出しました。天保の薪水給与令は、外国船に対して食糧などを与えた上で退去せよというもので、文化の撫恤令と同様なものでした。し

かし、1844年にオランダ国王ウィレム2世が出した開国勧告に対しては同意しませんでした。

■拒否できなかったペリーの開国要求

　列強からの開国要求に対して、幕府はかろうじて鎖国の体制を維持していました。1846年にアメリカの東インド艦隊司令長官のビッドルが通商を求めて浦賀に来航したさいも鎖国を理由に通商を拒絶しました。しかし、1853年、アメリカの**ペリー**がアメリカ大統領フィルモアの親書をもって浦賀に来航すると、もはや通商を拒否することが難しくなり、幕府は1年後に返答することを約束せざるを得ませんでした。そして、翌1854年、再来日したペリーと老中**阿部正弘**の間に**日米和親条約**が結ばれ、ついに日本の鎖国は崩壊しました。この条約にもとづいて1856年、総領事として下田に着任した**ハリス**は老中**堀田正睦**に通商条約の調印を迫り、1856年、大老**井伊直弼**は孝明天皇の勅許を得ずに**日米修好通商条約**を締結しました。この条約は、全部で14カ条からなり、領事裁判権を許容していることや関税自主権が欠如していることなど日本側にきわめて不平等な条約でした。幕府は、アメリカ以外の英・蘭・仏・露とも同様な条約を結ばざるを得ませんでした(**安政の五カ国条約**)。

■開国が引き起こした新たな事態

　通商条約の調印にもとづいて1859年から居留地で自由貿易が開始されました。取り引き額は横浜が最大で、取り引き相手国はイギリスが一番でした。貿易は、生糸をはじめ茶、蚕種などの輸出が順調で、輸出超過が続きましたが、このことは国内物資の不足を招き、物価が高騰しました。民衆は物価高の原因を開国だとして、外国人を殺害したりする**攘夷運動**が激化しました。

　経済の混乱をいっそう助長させたのは、金銀比価の相違でした。当時、日本は金と銀の交換比率が1対5でしたが、外国は1対15で、外国の方が金の価値が3倍も高かったため、外国人は安価なメキシコ銀を日本にもってきて、金と両替するだけで3倍の利益があがりました。そのため、日本から大量の金が外国へ流出するという事態が起こりました。1860年に粗悪な万延小判が鋳造されたのは、日本の金の海外流出に対応するためでした。

　また、貿易によって開港場の横浜が栄えたため、江戸の株仲間たちは幕府に働きかけ、重要物資の監視という名目で1860年、五品江戸廻送令を出させ、生糸・水油・呉服・雑穀・蠟は江戸経由でなければ輸出できないというシステムにしました。

4 近現代の日本の外交

・・・・・・・・・・・・・・・・・・・・・・・・・・・・
明治政府がとった外交方針とは
・・・・・・・・・・・・・・・・・・・・・・・・・・・・

■中国、朝鮮半島との関係

　日本は、1871年、清国との間に対等条約である**日清修好条規**を調印したが、琉球の漁民が台湾で殺害された事件を契機に関係が悪化しました。1874年、日本は**台湾出兵**をおこないました。この背景には、琉球の領有をめぐる両国の思わくがありました。

　朝鮮に対しては、**征韓論**をとなえる西郷隆盛・板垣退助らが大久保利通らと対立して破れ、1873年にいっせいに政府を下野したのが**明治六年の政変**です。

　そののち、1875年の**江華島事件**をへて、翌1876年に**日朝修好条規**を締結しました。この条約は、釜山・仁川・元山を開港し、日本に領事裁判権と無関税特権を与えるという不平等条約でした。

　1872年、日本は琉球を琉球藩として国王尚泰を藩王と

し、1879年に沖縄県とする**琉球処分**を断行しました。

　北方領土については、1875年、駐露公使榎本武揚がロシアの首相兼外相ゴルチャコフとの間に**樺太・千島交換条約**を結び、樺太をロシア領、千島を日本領としました。

　小笠原諸島は、1861年に当時の江戸幕府が領有を宣言し、翌年、イギリス・アメリカに通告しており、明治政府下では内務省が管轄しました。

■不平等条約解消を目指す

　明治政府は、江戸幕府が諸外国と結んだ不平等条約の改正をめざしました。1871年、予備交渉のために右大臣岩倉具視を大使、大久保利通・木戸孝允・伊藤博文・山口尚芳を副使とした**岩倉使節団**をアメリカ・ヨーロッパへ派遣しました。のちに女子英学塾を開いた**津田梅子**ら女子留学生も随行しました。

　その後、外務卿寺島宗則の交渉ののち、井上馨が展開した**鹿鳴館外交**が政府内外の批判を受けました。ついで、**大隈重信・青木周蔵・榎本武揚**らの交渉をへて、1894年、陸奥宗光外相が日清戦争の直前に**日英通商航海条約**を結びました。この条約は駐英公使青木周蔵と英外相**キンバレー**との間で調印され、領事裁判権の撤廃と関税自主権の一部回復を獲得しました。そして、1911年、**小村寿太郎**外

相のとき、改正日米通商条約が調印され、関税自主権の回復に成功しました。

明治日本の針路を決めたふたつの戦争

■日清戦争とは

朝鮮では、国王である高宗の妃で改革派の閔妃が台頭し、これに反発した国王の父で保守派の大院君が1882年にクーデターをおこしたが失敗に終わりました（**壬午事変、壬午軍乱**）。日本はこの混乱に乗じて済物浦条約の調印に成功しました。

その後、親清派に転じた閔妃（**事大党**）に対して、改革・親日派の金玉均・朴泳孝ら独立党が1884年、クーデターをおこしたが、清国の干渉で失敗しました（**甲申事変**）。日本は、この機をとらえて**漢城（京城）条約**の締結に成功したが、朝鮮の宗主国である清との関係が悪化したため、伊藤博文が李鴻章との間に**天津条約**を結んで緊張を緩和しました。

朝鮮は、圧力を強める日本に対して1889年、防穀令を出して対抗しましたが、日本の圧力は増す一方で、1894年には農民の乱である**東学党の乱**（**甲午農民戦争**）がおこ

り、この鎮圧に日清両国が出兵した結果、ついに**日清戦争**が勃発しました。戦争は日本が勝利し、1895年に**下関条約**が結ばれ、講和にいたりました。

日本は戦勝によって、**台湾・澎湖諸島・遼東半島**を得たが、これらのうち遼東半島はロシアがフランス・ドイツをさそって**三国干渉**をおこなったため、清に返還されました。日本国民は三国干渉に対して「臥薪嘗胆」の言葉のもとに反露感情を高めました。

■日露戦争とは

日清戦争に敗北した清は、列強によって半植民地化されました。そんな中、中国で**義和団**が**北清事変**をおこしたが、列強によって鎮圧されました。その結果、1901年、清は列強との間に**北京議定書**を調印させられました。これを契機にロシアは満州を事実上、占領してしまいました。日本は、伊藤博文・井上馨らの日露協商論（満韓交換論）もあったが、桂太郎首相は1902年、**日英同盟**協約を結んでロシアとの対決姿勢を強めました。

国内では、**内村鑑三・幸徳秋水・堺利彦**らは**非戦論**を主張したが、対露同志会・東大七博士意見書や世論は開戦論を主張して、1904年、ついに**日露戦争**が起きました。

戦争は、陸軍が奉天会戦、海軍は日本海海戦にそれぞれ

勝利しましたが、財政的負担が大きく、アメリカ大統領セオドア・ルーズベルトの仲介で1905年、アメリカのポーツマスで、日本全権**小村寿太郎**とロシア全権ウィッテによって**ポーツマス条約**が結ばれました。日本はこの条約で、南樺太などを得たものの、賠償金がなかったことから国内では不満が爆発し**日比谷焼打ち事件**がおきました。

日露戦争後の日本外交はどう変わったか

■朝鮮半島を植民地化する

　ポーツマス条約で、韓国の指導権をロシアに認めさせた日本は、1905年にアメリカと桂・タフト協定を結び、アメリカのフィリピン支配と日本の韓国支配を互いに認めあいました。イギリスとは1905年に日英同盟協約を改訂して、同盟関係を確認しました。

　そして、韓国に対して1904年**日韓議定書**を結び、ついで日本による財政・外交顧問の推薦を認めさせる**第1次日韓協約**を結ばせました。

　1905年には**第2次日韓協約**を結び、韓国の外交権を奪って漢城に統監府を置くことを認めさせ保護国化した上で、**伊藤博文**が初代統監として着任しました。追いつめられた

韓国は、1907年にオランダのハーグで開かれた第2回万国平和会議に密使を送りましたが、この**ハーグ密使事件**をきっかけに日本は**第3次日韓協約**を韓国に迫り、内政権を手にいれました。そして、日本は韓国皇帝を退位させ、軍隊を解散させました。

こうしたことは、反日感情の高まりをもたらし、韓国全土で反日武装闘争である義兵運動が激化し、1909年、伊藤博文がハルビン駅頭で、民族運動家の**安重根（あんじゅうこん）**に暗殺されるという事態をひき起こしました。しかし、日本は、この事件を契機に憲兵隊を常駐させて警察権を掌握し、1910年には**韓国併合（かんこくへいごう）**を断行して、韓国を植民地としました。

それまでの統監府にかわって、**朝鮮総督府（ちょうせんそうとくふ）**をおき、**寺内正毅（てらうちまさたけ）**が初代総督になりました。朝鮮総督府には、土地調査事業をおこなう臨時土地調査局がおかれ、多くの韓国人農民が土地を奪われました。その一方で、国産会社の東洋拓殖会社がつくられ、最大の土地所有者として、朝鮮銀行とともに経済・金融を支配しました。

満州に対しては、ポーツマス条約で租借地として得た旅順と大連を中心とする遼東半島南部を拠点として、権益の独占化をおしすすめました。1906年には旅順に**関東都督府（かんとうとくふ）**を置き、ポーツマス条約で得た長春から旅順に至る東清（とうしん）鉄道の経営のために、半官半民の**南満州鉄道株式会社**（満

鉄)を設立しました。

1911年、**孫文**らの**辛亥革命**によって、清が滅び**中華民国**ができると、陸軍は混乱に乗じて満州の権益を強化しようとしたが、第2次桂太郎内閣は静観の立場をとりました。

第1次世界大戦が日本に与えた影響

■世界を巻き込んだ大戦の勃発

1914年、セルビア人がオーストリア皇太子を暗殺したのをきっかけに**第1次世界大戦**が始まりました。

ドイツ・イタリア・オーストリアによる**三国同盟**とイギリス・フランス・ロシアの**三国協商**とが対立し、第2次大隈重信内閣は日英同盟を口実にドイツに宣戦布告しました。そして、ドイツの拠点である山東省に出兵して青島を占領し、さらに、赤道以北のドイツ領南洋諸島も支配下におきました。

1915年、**加藤高明**外相は中華民国大総統の**袁世凱**に**二十一カ条の要求**をつきつけ、最後通牒を発して山東省のドイツ権益の継承・南満州と内モンゴルの権益の期限延長と鉄道の敷設権・福建省の不割譲などを強引に承認させました。中国の国民は、承認した5月9日を国恥記念日として

反日感情を強めました。

　大隈内閣のあと、長州・陸軍閥の**寺内正毅**が組閣しました。寺内は、私設公使を中国へ派遣して、有力な軍閥に総額1億4500万円の資金を貸与して日本の影響力の強化をはかりました。また、中国での日本の動きを警戒するアメリカに対しては、特派大使として石井菊次郎を派遣して1917年、**石井・ランシング協定**を調印し、中国の門戸開放・領土保全を認めるかわりに中国における日本の特殊権益をアメリカに認めさせました。

　1917年、**ロシア革命**がおき、帝政ロシアが倒れソヴィエトが誕生しました。ソヴィエトは、日露協約をはじめとして、ロシアが締結した秘密条約を公表し、ドイツとは単独講和を結びました。これに対して日本は1918年、アメリカがよびかけたチェコスロヴァキア軍救済のための共同出兵に応じて**シベリア出兵**をおこないました。寺内内閣は、出兵のせいで起きた米騒動によって退陣しましたが、シベリア出兵自体は続けられ、1920年には北樺太へも出兵しました。結局、日本はシベリアに1922年まで、北樺太には1925年まで出兵し、10億円を浪費しました。

■ヴェルサイユ体制からワシントン海軍軍縮条約まで

　1919年、アメリカ大統領ウィルソンのよびかけで、ド

イツと連合国との講和会議がパリで開かれました。この**パリ講和会議**に日本も西園寺公望・牧野伸顕(まきののぶあき)を全権として送りこみました。

　この結果、**ヴェルサイユ条約**が結ばれ、ヴェルサイユ体制ができあがりました。

　1920年には、ウィルソンの提唱で国際連盟が発足し、日本は英・仏・伊とともに常任理事国になりました。アメリカは、当初、国際連盟に不参加でした。

　ヴェルサイユ条約で、日本は山東省の旧ドイツ権益の継承とドイツ領南洋諸島の委任統治権を認められ、南洋庁を設置しました。

　ウィルソンの民族自決主義は、朝鮮半島にも影響を与え、1919年3月1日、ソウルで民族主義者たちによる三・一(独立)運動(三・一事件、万歳事件)が起きました。同年、中国では北京の学生を中心にヴェルサイユ条約調印反対を訴える五・四運動が展開されました。

　1921年から翌年にかけて、アメリカ大統領ハーディングの提唱で**ワシントン会議**が開かれました。この会議で軍縮と太平洋・極東問題が討議され、ワシントン体制が樹立しました。

　日本からは、**加藤友三郎**海相を首席全権として、徳川家達(いえさと)貴族院議長、幣原喜重郎駐米大使を全権として派遣し

ました。1921年に英・米・日・仏で調印された**四カ国条約**では、太平洋における勢力の現状維持が確認され、日英同盟が廃棄されました。また、翌年の**九カ国条約**では、中国の領土保全・門戸開放・機会均等が決定され、石井・ランシング協定の全廃と二十一カ条要求の一部廃棄（山東省の旧ドイツ権益の返還）がなされました。しかし、日中関係は改善されず、1925年には上海で中国人労働者を死傷させる**五・三〇事件**がおきました。

1922年の**ワシントン海軍軍縮条約**では、英対米対日対仏対伊の主力艦保有比率を5対5対3対1.67対1.67に規定し、10年間の主力艦建造停止が決められました。これによって、日本の八・八艦隊構想は挫折することになりました。

山東出兵から満州事変まで

■強硬外交の展開

　田中義一内閣は、協調外交には批判的でしたが、欧米との関係を保つため、1927年に補助艦の制限のための**ジュネーブ会議**に全権斎藤実・石井菊次郎を派遣し、1928年の**パリ会議**には全権内田康哉を送って不戦条約に調印しま

した。

一方、中国に対しては強硬外交を展開しました。当時、中国では蒋介石が1927年に南京を占領し国民政府を樹立して北伐(ほくばつ)をおこなっていました。これに対して、田中内閣は、満州軍閥の張作霖を擁護するために山東省の邦人居留民の保護を名目に1927年から翌1928年にかけて3次に及ぶ山東出兵(さんとうしゅっぺい)をおこない、1928年の第2次山東出兵では、蒋介石の国民革命軍との間に武力衝突をおこしました。その間、1927年に東京で東方会議を開いて「対支政策綱領」を決定しました。

1928年、国民革命軍が北京へ迫ると張作霖は、本拠地の奉天へむけて退却しましたが、その途中、関東軍の参謀河本大作(こうもとだいさく)大佐らの陰謀で爆殺されました。この**張作霖爆殺事件**を内閣は、**満州某重大事件**(まんしゅうぼうじゅうだいじけん)として発表したが、天皇の不信をかい田中内閣は翌年、総辞職しました。

田中内閣のあと立憲民政党の浜口雄幸内閣が成立し、幣原喜重郎外相による協調外交が復活しました。浜口内閣は、1930年に英国首相マクドナルドが提唱した補助艦の制限のためのロンドン会議に全権若槻礼次郎、財部彪(たからべたけし)を派遣しました。そして、**ロンドン海軍軍縮条約**で補助艦の総トン数は英対米対日がほぼ10対10対7とされ、主力艦の建造停止が1936年まで延長されました。

この条約調印に対して、海軍で調印反対の艦隊派や野党の立憲政友会、右翼は、統帥権を犯したとして内閣を攻撃しました(**統帥権干犯問題**)。しかし、「ライオン宰相」とよばれた浜口首相は反対を押し切って条約を批准したため、1930年に東京駅で右翼に狙撃され、内閣は総辞職しました。

■満州事変と日本の孤立化

満州の武力支配をめざした関東軍は、1931年9月18日、参謀**石原莞爾**らが奉天郊外の柳条湖で南満州鉄道を爆破し、これを中国側のしわざとしました(**柳条湖事件**)。

第2次**若槻礼次郎**内閣は、不拡大方針を出したが、関東軍は軍事行動を拡大し、満州事変となりました。そして、これを契機に日中間の**十五年戦争**が始まりました。当時の満州は張作霖の子の**張学良**の支配下にあり、国民政府に同調していました。

関東軍は、1932年に**第1次上海事変**をおこし、1月には奉天・吉林・黒竜江の東三省を占領しました。3月に清朝最後の皇帝である**宣統帝**を執政(2年後に皇帝)とし、五族協和・王道楽土の名のもとに満州国を建国しました。

満州国は名だけの独立国で、実際は日本の植民地であったため、第2次若槻内閣のあとの犬養毅内閣は満州国を承認しませんでした。

しかし、五・一五事件で犬養内閣が倒れたあと斎藤実内閣は1932年、日満議定書を調印して満州国を承認しました。
　これら一連の日本の侵略行為に対して、国際連盟は**リットン調査団**を派遣して調査にあたらせました。リットン調査団は、イギリスのリットン卿を団長として英・米・伊・仏・独の5カ国からなり、1932年10月、満州事変は、日本の正当な防衛行動ではないとするリットン報告書を提出しました。
　国際連盟は、1933年2月、ジュネーブで臨時総会を開き、リットン報告書を42対1で採択したので、日本全権**松岡洋右**らはこれを不満として退場し、日本は3月に正式に**国際連盟から脱退**することを通告しました。
　一方、中国では、共産党との内戦にこだわる蒋介石が1933年5月、日本と停戦協定を結び、満州事変は一応の終結をみました。この協定で、日本の満州支配が事実上、黙認された形になりました。

3-4
近現代

外交

●●●●●●●●●●●●●●●●●●●●●●●●●●●●●
太平洋戦争はどうはじまり、どう終結したか
●●●●●●●●●●●●●●●●●●●●●●●●●●●●●

■泥沼化する日中関係
　二・二六事件後に成立した広田弘毅内閣は、ソ連を仮想

敵国として**日独防共協定**を調印し、中国の華北五省へ軍事行動を拡大していきました。

中国では、瑞金から長征（大西遷）をおこなって延安に拠点を移した中国共産党と蒋介石の国民政府が対立していたが、1936年の西安事件で関係が好転し、1937年9月には**第2次国共合作**がなり、抗日民族統一戦線が成立しました。

広田内閣のあと、林銑十郎内閣が4カ月で倒れ、第1次近衛文麿内閣が成立しました。その直後の1937年7月7日、北京郊外で日本軍と中国軍が衝突しました（**盧溝橋事件**）。内閣は、はじめ不拡大方針をとったが、軍部の圧力で兵力を増やし、ついに**日中戦争**が勃発しました。日本軍は第2次上海事変をへて、12月には国民政府の首都南京を占領して、多数の中国人を虐殺しました（**南京事件**）。国民政府は、武漢に退き、さらに重慶に移って抗戦を続けました。

近衛内閣は、1937年11月に**日独伊三国防共協定**を結び、1938年には3次にわたる近衛声明を出し、日中関係は泥沼化していきました。

一方、ソ連との緊張も高まり、1938年にはソ満国境で武力衝突し、日本軍が敗北する**張鼓峰事件**が起きました。

第1次近衛内閣のあと、**平沼騏一郎**も前内閣の政策を継承しました。これに対して、アメリカは1939年に日米通

商航海条約の廃棄を通告し、英・ソも国民政府を援助しました。

1939年には、満蒙国境で日本軍はソ連軍戦車隊に大敗しました(**ノモンハン事件**)。こうした中、**独ソ不可侵条約**が結ばれました。日本は日独防共協定によって、日・独はともにソ連を敵としていると思っていたため、平沼内閣は外交方針を見失い、「**欧州情勢は複雑怪奇**」という声明を出して総辞職しました。

■ポツダム宣言の受諾

1939年、ドイツがポーランドに侵攻すると、英・仏はドイツに宣戦布告し、**第2次世界大戦**が始まりました。これに対して、**阿部信行**内閣・**米内光政**内閣は、大戦不介入の方針でしたが、ドイツと結ぼうとする陸軍が台頭し、議会で反軍演説をおこなった**斎藤隆夫**は軍部の圧力で議員を除名されました。

米内内閣のあとをうけた第2次近衛文麿内閣は、1940年、援蔣ルートの遮断と南進を目的に北部仏印への進駐を開始し、松岡洋右外相は**日独伊三国同盟**を調印しました。さらに、1941年に**日ソ中立条約**を結んだが、同年6月に独ソ戦争が始まると日本も関東軍特種演習(関特演)を計画してソ連に備えました。

一方、1940年から駐米大使野村吉三郎と米国務長官ハルとの間で日米交渉が始まり、1941年7月、内閣は対米強硬派の松岡外相をはずすため総辞職して、第3次近衛内閣をつくりました。日米交渉には、その後、来栖三郎も加わったが、この時期に日本は南方の資源を求めて南部仏印へも進駐したため、アメリカは対日石油禁輸をおこない、米・英・中・蘭のＡＢＣＤ包囲陣による反日戦線を強化しました。

　1941年10月、第3次近衛内閣が総辞職し、東条英機が組閣すると、アメリカは最終提案の**ハル・ノート**をつきつけ、これをみた日本は、1941年12月8日、**真珠湾攻撃・マレー半島上陸**をおこない太平洋戦争に突入しました。日本軍は、南太平洋地域を制圧しましたが、1942年6月の**ミッドウェー海戦**に敗れて以来、制海権・制空権を失い、1944年にサイパン島が陥落すると、この島を基地にＢ29の本土空襲が本格化しました。内閣も東条内閣から**小磯国昭**・米内光政連立内閣にかわりましたが、戦局はますます悪化し、1945年3月の硫黄島の戦い、**沖縄戦**、8月の**広島・長崎への原子爆弾の投下**、ソ連の宣戦布告をへて、14日に鈴木貫太郎内閣が**ポツダム宣言**を受諾して無条件降伏し、9月2日に米艦ミズーリ号上で降伏文書に調印しました。

戦後日本と世界との関係はどう変化したか

■サンフランシスコ条約と日米安全保障条約

　戦後、日本が主権を回復できたのは1952年4月28日のことです。その前年、**サンフランシスコ講和会議**が開かれ、日本は48カ国とサンフランシスコ平和条約を調印しました。それが発効したわけです。会議は日本を含めた52カ国の間でおこなわれましたが、中華人民共和国と中華民国が招待されず、インド、ビルマ（現ミャンマー）、ユーゴスラビアは欠席。ソ連とポーランドとチェコスロバキアは出席しましたが、平和条約には調印しませんでした。そのため、日本国内でもアメリカ側だけとの単独講和では意味がないとして全面講和を主張する意見もでました。結局、全権の吉田茂首相は現実を重視して単独講和に応じたのです。

　サンフランシスコ平和条約と同日に、吉田茂とアチソンの間に**日米安全保障条約**も締結され、これによって日本は米軍の駐留を認めることになりました。その基地の提供や兵力などの具体的な点については、翌1952年に調印した**日米行政協定**によって取り決められました。

■世界情勢の変化と対外関係の変化

　朝鮮半島では、1948年、北緯38度線以南に**李承晩**を大統領とする**大韓民国**、以北に**金日成**を首相とする**朝鮮民主主義人民共和国**が成立しました。サンフランシスコ講和会議のときには朝鮮戦争の最中だったため、両国とも会議に招かれませんでした。

　日本は大韓民国との間に1952年、第1次日韓会談を開いたのち断続的に交渉を重ね、**佐藤栄作**内閣のとき、朴正熙大統領との間で1965年、**日韓基本条約**に調印し、韓国政府を朝鮮半島における唯一の合法的な政府と認めました。

　中国では、1945年11月に**毛沢東**の**共産党**と**蒋介石**の**国民党**の間で内戦がおき、1949年に共産党が勝利して**中華人民共和国**を建国しました。蒋介石は台湾に移って中華民国の存続を主張しました。サンフランシスコ講和会議には、どちらを中国と認めるかで米・英の調整がつかず、ともに招かれませんでした。

　日本は、1952年にアメリカの要請で台湾の中華民国との間に**日華平和条約**に調印しました。しかし、1972年に**田中角栄**内閣が成立すると、ニクソン米大統領の訪中に続いて田中首相も訪中して北京で**周恩来**首相と**日中共同声明**を発表しました。これによって、中華人民共和国との国交は正常化しましたが、同時に台湾とは断交となり1952

年の日華平和条約は無効となりました。そののち、**福田赳夫**内閣のとき、1978年、北京で**日中平和友好条約**が結ばれました。

ソ連は1951年のサンフランシスコ講和会議には出席したが、平和条約には調印しませんでした。**鳩山一郎**内閣は「雪どけ」とよばれる東西の緊張緩和に乗じて日ソ外交を展開し、北方領土問題は未解決のまま、1956年、モスクワで鳩山首相とブルガーニン首相との間に日ソ共同宣言を調印しました。これによって日ソ間の戦争終結が宣言され、それまで、日本の国際連合入りに反対していたソ連が支持に回ったため、1956年12月、日本の国際連合加盟が実現しました。

そののち、ソ連は1985年に共産党書記長になった**ゴルバチョフ**によって**ペレストロイカ**(改革)がおこなわれました。ゴルバチョフは1990年に大統領になったが、改革は失敗して、1991年、ソ連は解体しＣＩＳ(独立国家共同体)になりました。ソ連の解体はヨーロッパに大きな影響を与えました。1989年にベルリンの壁が崩壊、翌1990年には東西ドイツが統一されました。ポーランドやルーマニアでも**東欧革命**がおき、共産党政権が崩壊しました。1990年はクウェートに侵攻したイラクに対し、アメリカを主体とする多国籍軍が攻撃を加え、イラク軍を制圧した

年でもあります。**(湾岸戦争)**

　しかし、世界情勢は混迷を深め、2001年9月11日にはイスラム原理主義過激派が、航空機を使ってニューヨークの世界貿易センタービルに激突させるというテロ事件が起こりました。アメリカは、その報復として2001年にアフガニスタン攻撃を行い、イスラム過激派のタリバンを崩壊させました。2003年にはアメリカは**イラク戦争**を起こし、フセイン政権を打倒しましたが、今も各地で紛争が続いています。

第4講

「文化」からたどる日本の歴史

1　古代日本の文化

縄文・弥生文化とはどのようなものか

■予祝、抜歯、屈葬…縄文文化の特徴

　現代人も占いとかおまじないに興味をもつ人がすくなくありませんが、縄文時代の人びとは、その傾向がいっそう強力でした。縄文文化は呪術的風習にあふれていたのです。

　縄文人は、あらゆる自然物や自然現象に霊威（れいい）を認め、それらを畏れ敬いました。これを**アニミズム**とか**精霊崇拝**とかと呼びます。

　狩りの前などには**土偶**に祈りをささげる**予祝**（よしゅく）が行われました。土偶は女性をかたどったもので収穫や生殖を祈るために用いられたといわれています。なぜ、女性像なのかというと、女性は出産することができることから増殖のシンボルとみなされたと考えられます。

　女性を象徴する土偶に対して、男性を象徴するものとしては**石棒**（せきぼう）があります。また、犬歯を抜く抜歯は、成年にな

るための通過儀礼とされていました。

歯では、三叉状にとぐ研歯の風習もみられます。これは、呪術者に限って行う風習といわれています。

死者のための葬法は、**屈葬**が用いられました。死体を折り曲げて葬るやり方で、死者の霊が生者に害を与えるのを防ぐための手段とされ、なかには折り曲げた死体の上に石をおいてあるものも出ています。屈葬は、次の弥生時代には**伸展葬**にかわることからも縄文人の死霊に対する恐怖の強さをうかがうことができます。

■高地性集落、青銅製祭器…弥生文化の特徴

弥生時代になっても、縄文時代と同じように人々は竪穴住居に住んでいましたが、その規模は大きくなり、20軒から30軒のものがでてきました。なかには、佐賀県の**吉野ヶ里遺跡**のように、敵からの攻撃を防ぐための濠を集落の周囲にめぐらせた**環濠集落**も出現しました。また、中期から後期になると、瀬戸内海沿岸をはじめ西日本に逃げ城的な目的をもつと考えられる**高地性集落**が多くみられるようになります。

集落の近くには共同墓地がつくられ、九州北部では**甕棺墓**や朝鮮半島南部の影響をうけた**支石墓**が出現し、その他の地域では**土壙墓**や**箱式石棺墓**などが現れました。また、

荒神谷遺跡

周囲に濠をめぐらせた方形周溝墓や後期には大型の墳丘墓もみられ、これらは古墳時代の前段階を思わせるものといえます。

本格的な農耕の開始とともに、豊作などを祈る祭りが行われるようになり、銅剣・銅鐸・銅矛などの青銅製祭器がつくられました。銅矛・銅戈は九州北部、平形銅剣は瀬戸内沿岸、銅鐸は畿内というように、ある程度の地域性はみられるものの、島根県の神庭荒神谷遺跡のように、358本の中細形銅剣とともに銅鐸、銅矛がいっしょにみつかった例や同県の加茂岩倉遺跡のように1か所から出土した量としては日本列島最多となる39個の銅鐸が発見された例もあります。

弥生時代の特徴として葬法の変化があげられます。それは屈葬から死体を横たえたまま埋葬する伸展葬に変わったことであり、これは縄文人がいだいていた死霊に対する恐怖を弥生人が克服したことをものがたっているといえるでしょう。

古墳時代に入って文化はどう変わったか

■古墳の形の変化から何がわかるか

　古墳が造られるようになってから以後の時代を古墳時代とよびますが、その開始時期については、見直しが必要になってきています。従来は、3世紀の末から4世紀の初めがその開始時期とされ、おおよそ7世紀末くらいまでの時代を古墳時代としていました。しかし、開始時期に関しては、3世紀の中ごろまでさかのぼるのではといわれ始めています。

　一般に古墳時代は、前期・中期・後期の3つに分けて考えます。この時代の文化が、とりもなおさず古墳文化ですが、時期によって特徴がみられます。まず、ひとくちに古墳といっても形はさまざまで、**円墳・方墳・前方後円墳・前方後方墳**などがあります。古墳の墳丘には、形象埴輪や円筒埴輪が並べられ、斜面は土留めのための葺石におおわれていました。

　古墳は、前期には丘頂など自然の地形を利用してつくられました。中期になると、平野部にも大規模な前方後円墳がつくられるようになります。この時期には最大規模の大

大仙陵古墳

仙陵古墳(仁徳天皇陵古墳)や誉田御廟山古墳(応神天皇陵古墳)などがつくられています。後期には、山間部や島にも前方後円墳がつくられるようになり、小規模な円墳が集まった群集墳や横穴も出現しました。

前期・中期の古墳の石室は、**竪穴式石室**で、墳丘部につくられるのが一般的でした。そこに木棺や石棺を納め、石室の上に封土を盛って埋めました。

後期になると、石室は**横穴式石室**へと変化しました。横穴式石室は、古墳の地表部に入口である羨門があり、そこから羨道が続いており、その奥に棺を安置する玄室をもっています。この構造だと、羨門をふさぐ閉塞石をとり除けばいつでも追葬をすることができ、その点で家族墓的な性格が見られます。

死者とともに納められた副葬品をみると、前期には鏡・玉といった呪術的なものが多く、中期以降になると武具・

222

馬具が多くなります。このことから5世紀ごろを境にして支配者の性格が呪術的から武人的に変化したと考えられています。その変化の要因としては、4世紀末の高句麗との戦いで日本にも乗馬の風習が入ってきたという説や、大陸の騎馬民族が日本を征服したという説などがあります。

■神社のはじまり

農耕の定着とともに農耕儀礼が重視されるようになりました。その代表的なものとして、春の**祈年祭**と秋の**新嘗祭**があげられます。また、山や岩などを信仰の対象としたり、豪族たちが自分たちの祖先神である氏神をまつるようになり**神社**が発生しました。大王家の祖先神である天照大神をまつる**伊勢神宮**、大国主神をまつる**出雲大社**、三輪山を神体とする**大神神社**などはこうした古社の代表です。

古墳時代にもさまざまな呪術的風習が色濃くみられます。清らかな水によって身についた穢を流す禊や、穢・災厄といったものをはらう祓などの呪術が行われました。また、鹿の肩甲骨を焼き、そのひびの入り方によって吉凶を占う**太占**は、中国で亀の甲羅を焼いて占う亀卜と似ています。**盟神探湯**は、この時代の裁判法であり、熱湯に入れた手のただれ具合で真偽を判断するというものです。甕に沸かした湯の中に土器片や小石などを入れ、それをとりださ

せることもあり、真実をのべる者には神の加護があるという発想にもとづく呪術といえます。

■渡来人がもたらした文化

　朝鮮半島からやってきた渡来人たちによって多くの技術がもたらされたという点もこの時代の特徴のひとつです。

　5世紀ごろには、王仁が『論語』と『千字文』をもたらしたとされており、これが日本への漢字の伝来といわれています。王仁の子孫は西文氏となり、代々、文筆によってヤマト政権に奉仕しました。阿知使主も文筆にたけた渡来人として知られ、彼の子孫は東漢氏となりました。また、弓月君は機織や養蚕の技術を伝えたとされ、子孫は秦氏となりました。

　6世紀になると、百済から五経博士が来日しました。五経とは、詩経・書経・易経・春秋・礼記の5つでいずれも儒教の基本テキストです。したがって、五経博士とは、儒教のスペシャリストであり、彼らの来日によって儒教が伝来・普及したことはいうまでもありません。

　さらに、儒教にとどまらず、医・易・暦などの学問や仏教も伝えられました。仏教の伝来については、百済の聖明王が欽明天皇へ仏像・経論などを献じたとされますが、その年に関しては『上宮聖徳法王帝説』や、『元興寺縁

起』が説く538年と『日本書紀』が記す552年の両説があり、現在では538年が有力とされています。いずれにしても、6世紀中ごろのこととなります。これを国家から国家への伝承ととらえて**仏教の公伝**といっています。これより先の522年に司馬達等が自分の屋敷に仏像を安置して礼拝していたという記事が『扶桑略記』にみえます。これを公伝に対して私伝とよんでいます。

日本で最初の仏教文化——飛鳥文化

■僧がもたらした新知識

　推古朝を中心とする時代は、中国の南北朝時代の文化や西方の文化の要素を含んだ**飛鳥文化**が栄えました。たとえば、西アジアのアッシリアに起源を発した**忍冬唐草文様**は、ギリシア→ササン朝ペルシア→インドのガンダーラ→中国と伝わって日本に入ってきたと考えられています。また、**法隆寺**の回廊の柱のふくらみはエンタシスの手法が用いられており、これはギリシアのパルテノン神殿の柱の影響をうけているといわれます。

　推古朝には朝鮮半島から多くの僧が海を渡り日本にさまざまな新知識をもたらしました。高句麗の僧**曇徴**は碾磑

(臼)や紙・墨・彩色(絵の具)の製法をもたらしました。また、602年には百済僧の**観勒**が来日し、天文・地理・遁甲方術の書や暦法を伝えたといわれます。初代の天皇といわれる神武が紀元前660年(辛酉年)の正月朔日に即位したとして、日本の紀元を考える神武紀元もこのころにつくりだされたといわれています

　また、推古朝には聖徳太子の仏教の師となった高句麗の僧である**恵慈**や百済の僧の**恵聡**も来日しています。特に恵慈は帰国したのち、622年、聖徳太子の死の知らせを受けて深く悲しみ、同じ日に死ぬことを願い、翌年の同日に本当に亡くなったといわれています。

　飛鳥文化は、最初の仏教文化としても注目されます。6世紀の中ごろに公伝した仏教は、渡来人たちを中心にして信仰されていましたが、その最大の保護者は蘇我氏でした。馬子の活躍で推古朝に大きな勢力をもった蘇我氏の発展と併行して仏教も定着し、急速に隆盛していきました。飛鳥文化はそうした仏教の発展の中で生まれた文化といえます。

■法隆寺、飛鳥寺…寺院の建立

　飛鳥文化の特徴としては他に**氏寺**の建立があげられます。氏寺とは、豪族が自分の一族のためにつくった寺であり、蘇我氏の**飛鳥寺**(**法興寺**)や秦氏の**広隆寺**などが知られて

います。

この時代の寺院では、聖徳太子が建立した**法隆寺**や**中宮寺**も有名です。法隆寺は、607

法隆寺金堂と五重塔

年、斑鳩に建てられた寺院で斑鳩寺の別名をもっています。『日本書紀』によると、670年に伽藍が焼亡したと記されており、このことから現在の金堂・五重塔などは670年以降の再建ではないかという論争が起こり、若草伽藍跡を調査した結果、再建説が有力となりました。

法隆寺に隣接する中宮寺は、もともとは聖徳太子の母で用明天皇の皇后であった穴穂部間人后の宮殿でしたが太子が寺院としました。

あつく仏教に帰依した聖徳太子は、法華経・勝鬘経・維摩経の3つの経典の注釈書である『三経義疏』をつくったとされています。特に『法華経義疏』については聖徳太子の自筆とされるものが残されており、日本最古の伝存の書物といわれています。しかし、この『三経義疏』に関しては、聖徳太子による著作を疑う説が以前からあり、現

4-1

古代

文化

在ではむしろ否定説が有力になっています。聖徳太子の業績のみなおしが強くさけばれている今日、『三経義疏』もそのひとつということができるでしょう。

■飛鳥時代の仏像の特徴

飛鳥時代の仏像は、力強い北魏様式と丸みをおびた南梁様式の2つに分けられます。北魏様式では、司馬達等の孫である鞍作鳥(止利仏師)がつくった法隆寺金堂釈迦三尊像・飛鳥寺釈迦如来像(飛鳥大仏)や法隆寺夢殿救世観音像などが有名であり、南梁様式では、中宮寺や広隆寺の半跏思惟像や法隆寺の百済観音像が代表的です。

絵画では、油絵の一種である密陀絵の玉虫厨子須弥座絵が知られます。また、工芸品では、聖徳太子が死後、天寿国で生活している様子を妃の橘大郎女が刺繍の技法で表現した中宮寺の天寿国繡帳が有名です。

●●●●●●●●●●●●●●●●●●●●●●●●●●●●●●●●

清新で若々しい天武・持統朝の文化——白鳳文化

●●●●●●●●●●●●●●●●●●●●●●●●●●●●●●●●

■初唐の影響を受けた理由

7世紀の後半から8世紀の初頭にかけての天武・持統朝を中心とする時期の文化を白鳳文化といいます。中国の初

唐の影響をうけ、律令国家をめざし始めたこの時代を反映して、清新で若々しい文化が特徴とされています。

天武天皇は神祇信仰とともに仏教もあつく信仰し、鸕野皇后の病気回復を願って**薬師寺**の建立に着手しました。薬師寺の東塔は裳階をもつ三重塔で、全体的にリズム感にあふれ、その美しさは「凍れる音楽」といわれています。

白鳳時代に仏教は国家の保護をうけて発展し、次の奈良時代に確立される国家仏教の基盤をつくりました。しかし、国家の保護をうけるということは、反面、規制をうけることにもつながります。寺院や僧侶は国家に厳しく管理され、仏教全体への統制が強化されました。

国家仏教への道がすすめられると経典も仏が国家を保護してくれることを説いた護国の経典が重んじられるようになりました。代表的なものは、**金光明経・仁王経・法華経**で、これらは**護国三部経**と称されます。

■白鳳期の美術、彫刻、文学…

白鳳期を代表する美術としては、**法隆寺金堂壁画**があげられます。この壁画は阿弥陀浄土図をはじめとして全部で12面ありました。インドや中国の初唐の影響をうけていることで知られ、特にインドのアジャンタ石窟群の壁画との類似が指摘されています。法隆寺とアジャンタ石窟群の

壁画は、どちらもガンダーラ美術の影響がみられますが、法隆寺金堂壁画は1949年の火災によって焼損してしまいました。これを教訓として翌1950年に文化財保護法が制定されました。

鳥取県淀江町の**上淀廃寺跡出土壁画**も白鳳期のもので、壁画は金堂に描かれていました。上淀廃寺の壁画は、法隆寺のものと図柄が類似しているという点でも注目を集めました。

1972年に発見された奈良県の**高松塚古墳壁画**は、石室の天井に星宿（星座）が描かれ、壁画には青龍・白虎・朱雀・玄武といった伝説上の四神や男女の群像が極彩色で描かれています。人物像については、高句麗の古墳の壁画にみられる人物像に似ていると指摘されています。

仏像彫刻では、**薬師寺金堂薬師三尊像**や**薬師寺東院堂聖観音像**などがあげられます。薬師三尊像は、薬師如来が脇侍に日光菩薩と月光菩薩を従えており、台座の唐草模様には西アジアの影響がみられます。**興福寺仏頭**もこの時代のものですが、この仏頭はもとは山田寺の薬師三尊像の頭部であったものを平安時代の末期に興福寺の僧たちが奪ったとされています。これらの他には、光明皇后の母橘夫人の念持仏と伝えられる**法隆寺阿弥陀三尊像**や同じく**法隆寺夢違観音像**なども白鳳期の代表的な仏像彫刻としてあ

げることができます。

　文学の面では、天智朝のころから盛んになった漢詩が天武朝でさらに隆盛し、日本最古の漢詩集『**懐風藻**』が編まれました。この中には天武天皇の皇子である大津皇子も作品を残しています。漢詩に対して和歌も定型化の傾向を示し、5・7・5・7・7の31文字からなる**短歌**や**長歌**がつくられるようになりました。**柿本人麻呂・額田王・大伴御行**らの白鳳期を代表する歌人たちが現れ、『**万葉集**』に作品を残しています。また、白鳳期には、「大君は神にしませば」で始まる和歌も何首かみられます。ここには、背景に大君すなわち天皇は神である、という当時の思想を読みとることが可能です。

国際色豊かな時代の文化──天平文化

■仏教の保護を背景にした文化

　奈良時代は、仏教を基本とし、中国の盛唐の影響をうけた国際色豊かな**天平文化**が栄えました。

　この時代の仏教は、鎮護国家のための手段として保護され、奈良には**東大寺**をはじめ**南都七大寺**が軒をならべ、**三輪・成実・法相・倶舎・華厳・律**の**南都六宗**が成立しま

した。南都六宗は、仏教としてはのちの密教に対して顕教の性格をもち、兼学が可能という点などからも学問としての性格が強かったといえます。

僧尼たちは国家による保護をうける反面、僧尼令によって統制され、僧尼になるためには、**天下三戒壇**とよばれる東大寺（大和）・薬師寺（下野）・観世音寺（筑前）のいずれかで得度しなくてはいけませんでした。

戒壇とは、得度のための儀式を行う場所のことで、戒壇で戒律を授けられて初めて僧侶になることを許されたため、**官(度)僧**といわれ、国家への奉仕を義務づけられていました。しかし、**行基**のように積極的に民間へ布教したり、農民に用水施設や交通施設、布施屋をつくるなど社会事業につくす僧もいました。

仏教の保護を背景にして、**東大寺法華堂（三月堂）**や**校倉造**で有名な**正倉院宝庫**などの建築物がつくられました。特に、**唐招提寺金堂**は、現存する天平期唯一の金堂で、講堂は平城宮の朝集殿を移築したものとして知られます。**法隆寺伝法堂**は、県犬養橘三千代の邸宅であったといわれます。また、底面が八角形の**法隆寺夢殿**は、聖徳太子の斑鳩宮跡に太子を記念して建てられたと伝えられています。

この時代の彫刻には、金銅像に加えて塑像と乾漆像とがあります。塑像は粘土を用いてつくられたものであり、乾

漆像は土で形をとった上に麻布をまいて漆で固め、そのあと土をぬいて木枠を入れる脱乾漆像と、木の上に麻をまいて漆で固める木心乾漆像とがあります。

　塑像の代表的な例としては、**東大寺法華堂の日光・月光菩薩像**や同じく**東大寺の戒壇院四天王像**などがあげられます。乾漆像では、**興福寺阿修羅像**や**十大弟子像**、**東大寺法華堂不空羂索観音像**、**唐招提寺鑑真和上像**などが有名です。また、金銅像では**東大寺廬舎那大仏**があげられます。東大寺は源平の争乱と戦国時代に焼き討ちにあっており、廬舎那大仏も被害にあっています。ちなみに現在の大仏殿は江戸時代のものです。

■『古事記』『日本書紀』から正倉院宝物まで

　奈良時代には国史の編纂が進められ、712年には『**古事記**』が完成しました。『古事記』は、そもそも**稗田阿礼**が暗誦していた「帝紀」「旧辞」を**太安麻侶**が筆録したもので、上・中・下巻の3巻からなっていて神代から推古天皇までの時代を漢文を用い紀伝体で記した歴史書です。また、720年には、**舎人親王**を中心に『**日本書紀**』が編纂されました。『日本書紀』は神代から持統天皇までを漢文・編年体で述述しています。

　713年には、諸国に『**風土記**』をつくる命令が出されま

したが、現在その多くは失われ、まとまった形で残っているのは常陸・出雲・播磨・豊後・肥前の五風土記だけで、その中でも『**出雲国風土記**』は内容がほぼ完全な形で残っており、成立年も天平5 (733) 年とわかる点で重要です。

　文学では、751年に現存する日本最古の漢詩文集である『**懐風藻**(かいふうそう)』がつくられ、和歌集では、770年ごろに『**万葉集**(まんようしゅう)』が成立したとされます。

　絵画に目をやると、正倉院宝物として有名な**鳥毛立女屏風**(ちょうもうりゅうじょびょうぶ)があります。この屏風には6人の美女が描かれていて、彼女たちには鳥毛がはられています。この鳥毛については、日本産の山鳥の毛であることがわかっています。他に、**薬師寺吉祥天像**(きちじょうてんぞう)や**過去現在絵因果経**(かこげんざいえいんがきょう)などもあります。過去現在絵因果経は、上段に絵が描かれ、下段に経文が記されていて、絵巻物の源流といわれています。

　正倉院宝物は、聖武天皇が生前に愛用していた点と皇后だった光明子が東大寺に寄進したもので、**螺鈿紫檀五絃琵琶**(らでんしたんごげんのびわ)などの工芸品や称徳天皇が藤原仲麻呂の乱ののち、平安を祈ってつくらせた**百万塔**なども納められています。百万塔の中には、世界最古の印刷物といわれる**陀羅尼**(だらに)が納められています。

　律令国家の教育機関としては、中央に大学、地方には国学がおかれていました。大学は式部省が管轄し、貴族や

東・西史部(ふひとべ)の子弟が教育をうけました。国学は国司が統轄し、郡司の子弟が入学を許されました。教科は、儒教を学ぶ明経道(みょうぎょうどう)を中心に、律令を研究する明法道(みょうぼうどう)、漢文や歴史を学ぶ紀伝道(きでんどう)や音道・書道・算道などがありました。

中務省(なかつかさしょう)に属する陰陽寮では陰陽道や天文道・暦道などを教え、宮内省に属する典薬寮(てんやくりょう)では医道を教えました。

密教の要素が強い平安初期の文化──弘仁・貞観文化

平安時代初期の文化は、その時代の元号にちなんで**弘仁(こうにん)・貞観(じょうがん)文化**とよばれます。この時代の文化は、唐の影響をうけた密教の要素が強いのが特徴です。

密教は、加持祈祷などの秘密の呪法によって、現世利益をはかるもので、前時代の南都六宗のように経典研究を重視し、修行によって悟りをひらく顕教とはまったく異なるタイプの仏教でした。

朝廷から密教を学んでもち帰るように命じられた**最澄**は、804年に入唐し、翌年に帰国して**延暦寺(比叡山)**を拠点に法華経を中心とする**天台宗**をひらきました。最澄は天台宗を密教と思ってもち帰ったのですが、実は顕教であったため、弟子の**円仁**や**円珍**(えんちん)によって密教化がはかられました。

一方、最澄と同年に入唐した**空海**は、806年に帰国して、和歌山の金剛峰寺や京都の東寺(教王護国寺)を拠点に本格的な密教の真言宗をひらきました。

　密教は、当時の貴族たちにうけ入れられ、天台宗は台密、真言宗は東密とよばれ広まっていきました。密教は美術にも大きな影響を与え、**観心寺如意輪観音像**などの彫刻がつくられ、絵画では曼荼羅や不動明王像などが描かれました。

　日本古来の神祇信仰と仏教信仰の融合をはかる**神仏習合**は、すでに奈良時代からみることができますが、弘仁・貞観期にその傾向はいっそう強まり、神社の境内につくられた寺院である神宮寺や神前読経がみられるようになりました。

　本来は仏であるが、神に姿をかりて現世に現われたとする**本地垂迹説**が説かれ、山岳信仰と密教とが結びついた**修験道**も成立し、北陸の白山、吉野の大峰山など各地で修行する山伏が現われました。

　弘仁・貞観期には遣唐使の影響で中国風の文化が盛んになりました。『**凌雲集**』『**文華秀麗集**』『**経国集**』といった勅撰漢詩文集がつくられたのは、その好例といえます。また、『**日本書紀**』『**続日本紀**』から『**日本三代実録**』までの六国史が編纂されました。

　書道は、遣唐使の影響で唐様が好まれ、**嵯峨天皇・空**

236

海・橘逸勢の3人の名手は**三筆**とよばれました。

遣唐使廃止後に育まれた文化──国風文化・院政期の文化

■**文化の国風化とは**

894年の遣唐使の廃止は文化の面でも大きな影響がありました。中国との国交が絶えるということは、当然のことながら正式な交流がなくなるわけで、文化の流入もきわめて限られることになります。

加えて、それまでの唐風の文化が日本国内で消化されたということもあって、10世紀に入ると文化の国風化が進み、平がなや片かなが生みだされたりしました。こうした文化を**国風文化**とか**藤原文化**とかとよんでいます。

かな文化が成立したことにより、それらを主に使用した宮廷の女房たちによる女房文学が発達しました。

『**竹取物語**』や『**宇津保物語**』、『**落窪物語**』といった物語が生みだされました。中には、**在原業平**の『**伊勢物語**』などの男性によるものもあります。日記では、**藤原道綱の母**の『**蜻蛉日記**』、**菅原孝標の女**の『**更級日記**』や『**紫式部日記**』、『**和泉式部日記**』などが有名です。男性による作品としては、**紀貫之**の『**土佐日記**』もあります。

和歌も盛んになり、紀貫之らによって最初の勅撰和歌集である『**古今和歌集**』が905年に編まれました。

　美術の面でも国風文化がみられます。それまでの唐絵にかわって日本的な風物を対象とした大和絵が流行し、**巨勢金岡**（こせのかなおか）といった名手が活躍しました。書道もかなや草体の優雅な和様の書風が好まれ、世尊寺流（せそんじ）の祖となった**藤原行成**（こうぜい）や**小野道風**（とうふう）、**藤原佐理**（さり）の3人の名手は三蹟と称されました。

■末法思想の文化への影響

　国風文化が隆盛しているころ、世の中では**末法思想**が高まりをみせるようになり、人びとの不安を背景として浄土教が広まっていきました。

　末法思想とは、僧侶たちによる予言思想であり、釈迦の死後1000年間を正法、次の1000年間を像法、それ以降を末法とする考え方です。そして、末法になると、この世の終わりがやってくるというもので、その時期は永承（えいしょう）7（1052）年から末法になるといわれていました。浄土教は、阿弥陀仏信仰による来世救済をうたったものであり、生前にひたすら阿弥陀如来を信じ「南無阿弥陀仏」という念仏をとなえれば来世では救われるといった教えです。

　10世紀にでた**空也**（くうや）は、平安京の市中で念仏をとなえることを説いたので市聖とか阿弥陀聖とよばれました。源信

は、『往生要集』で念仏によって極楽往生できる方法を説き、浄土教を確立しました。

末法思想は美術にも多大な影響を与えました。阿弥陀如来の信仰ということで、多くの阿弥陀如来像がつくられました。

仏師の**定朝**は、部分ごとに彫ったものを寄せあわせて仏像をつくる**寄木造**の技法を大成し、多数の阿弥陀如来像を製作しました。**平等院鳳凰堂の阿弥陀如来像**は定朝によってつくられた傑作です。この鳳凰堂は性格的には阿弥陀堂であり、これも末法思想の副産物といえます。

末法におののいた貴族たちは、きそって阿弥陀如来像をもとめ、それを安置するための阿弥陀堂をつくりました。

平等院鳳凰堂は、時の権力者であった**藤原頼通**によって

平等院鳳凰堂

1053年につくられました。当然のことながら、末法元年にあたる1052年を意識していたと考えられます。頼通の父の**藤原道長**も**法成寺**（御堂）をつくり、そこに阿弥陀堂である**無量寿院**をつくりました。

絵画では、**来迎図**が流行しました。これは仏たちが極楽浄土から迎えにくる場面を描いたもので、『**高野山聖衆来迎図**』などが有名です。死に臨んだ貴族たちは、阿弥陀堂で阿弥陀如来像と自らの手を5色の糸で結び、壁には来迎図をかけて死後、極楽浄土にいけることを願ったと思われます。

都を中心に広まった浄土教は、院政期には地方へも波及していきました。そこには、民間普及につとめる聖とよばれる学徳にすぐれた人たちの存在がありました。

奥州平泉に**藤原清衡**が建立した**中尊寺**の**金色堂**や陸奥の**白水阿弥陀堂**、豊後の**富貴寺大堂**などは地方の阿弥陀堂の代表例です。このように、院政期の文化は特色として、地方の波及とそれにともなう庶民化をあげることができます。

■絵巻物語、軍記物語の誕生

絵画では、詞書と絵とを交互におりまぜてストーリーが展開される絵巻物が成立しました。絵巻物は天平期の「過去現在絵因果経」を源流としますが、ジャンルとして成立

したのは院政期です。

　代表的な作品としては、『源氏物語』を素材にして藤原隆能（たかよし）が描いた『源氏物語絵巻』、常盤光長（ときわみつなが）が応天門の変をテーマにした『伴大納言絵巻（ばんだいなごん）』、朝護孫子寺の僧命蓮（ちょうごそんしじ　みょうれん）の活動を描いた『信貴山縁起絵巻（しぎさんえんぎ）』などがあります。院政期から鎌倉時代初期にかけてのものとしては、当時の貴族や仏教界を鳥獣にたとえて表現した『鳥獣戯画（ちょうじゅうぎが）』があり、鳥羽僧正覚猷（とばそうじょうかくゆう）が描いたとされています。

　文学では、平将門の乱を描いた『将門記（しょうもんき）』や前九年の役を題材とした『陸奥話記（むつわき）』などの軍記物語が誕生しました。また、『大鏡』や『栄花（華）物語』などの歴史物語が生まれました。

　『大鏡』と『栄花（華）物語』はどちらも藤原道長の摂関時代を中心に叙述していますが、『大鏡』が藤原氏の全盛に対してやや批判的なのに比べて、『栄花（華）物語』は賛美に終始しているという特徴がみられます。

　また、歌謡が好まれ、後白河法皇が歌謡集の『梁塵秘抄（りょうじんひしょう）』を編纂しました。田植祭のさいに演じられた庶民芸能の田楽や猿楽も貴族の間に流行しました。また、女性が男装して今様を謳いながら舞を演じる白拍子（しらびょうし）も出現して人気を得ました。

4-1 古代 文化

2　中世日本の文化

鎌倉時代に新仏教が生まれた理由

　鎌倉文化は、公家の伝統文化を基本に、新しく起こった武士の文化や宋・元といった中国の文化が加わった文化です。時代的には末法に入る時期であり、庶民にも救済の道を説く新しい仏教の諸派が生まれました。

　これらの新仏教は、**南都六宗**や**天台・真言**に比べて修行が簡単なこと(易行)、念仏・題目・坐禅などからひとつを選ぶこと(選択)、選んだものに専心すること(専修)の3つを特色としてもっていました。

　鎌倉新仏教の先駆ともいうべき役割をになった**法然**(源空)は、はじめ天台宗を学び浄土教の系統をひく**浄土宗**をおこしました。法然は、「南無阿弥陀仏」という念仏をひたすら唱えれば極楽往生することができるという**専修念仏**を説き、多くの人びとの帰依をうけました。法然の弟子の**親鸞**は、仏の救いを信じる心だけで極楽往生できるという**絶対他力**と、悪人こそ仏が救済しようとしている対象だと

する悪人正機説をとき、浄土真宗（一向宗）を開きました。『歎異抄』にみえる「善人なをもちて往生をとぐ、いはんや悪人をや」という言葉は有名です。浄土系では、鎌倉時代後期には一遍が時宗をおこし、踊念仏で諸国を遊行して教えを広めました。

禅宗系では、鎌倉時代前期に栄西が臨済宗をおこしました。栄西は坐禅で悟りの手がかりとなる問題である公案を解決することを重視し、北条氏や上級武士・公家たちからの帰依をうけました。なかでも北条時頼は、南宋から蘭溪道隆を招き、鎌倉に建長寺を建立しました。また、北条時宗は、無学祖元を招いて円覚寺を建立しました。一方、道元は曹洞宗を開き、ひたすら坐禅する只管打坐を説いて、主に地方の武士たちにうけ入れられました。

法華系では、安房出身の日蓮が天台宗を学び、題目（南無妙法蓮華経）を唱えれば救われるという日蓮宗（法華宗）を開きました。日蓮は、他宗を厳しく攻撃して教えを広めていき、幕府に対しても『立正安国論』を献上して日蓮宗を信仰しないと国難がくると予言したりしました。

さまざまな新仏教がでてくる中で、古代以来の旧仏教はどう対応したかというと、法相宗の貞慶（解脱）や華厳宗の高弁（明恵）などがでて、戒律の重視を説きました。また、律宗の叡尊は西大寺を再興し、その弟子の忍性は鎌

倉に**極楽寺**を開き、また、奈良に病人の救済施設である**北山十八間戸**を建てました。

●●●●●●●●●●●●●●●●●●●●●●●●●●●●●

神道の形成とさまざまな鎌倉文化

●●●●●●●●●●●●●●●●●●●●●●●●●●●●●

■初の神道理論の大成

　鎌倉仏教の影響を受けた**度会家行**は、儒教・道教思想を加味して初の神道理論である**伊勢神道**を大成しました。度会家行は、伊勢神宮の外宮の神官であり、**北畠親房**とも親交があり、その関係で北畠の神国思想にも大きな影響を与えました。

　また、天台宗系の神道として**日吉神道**、真言宗系の神道として**両部神道**も唱えられました。

■軍記物語から隠者文学まで

　鎌倉時代には、武士の活躍を描いた軍記物語がさかんになりました。その中でも代表的作品とされるのは、平家一門の栄枯盛衰を描いた『**平家物語**』です。『平家物語』は、琵琶法師が**平曲**として語って人びとの間に広まりました。これに対して、同じく源平の争乱を題材とした『**源平盛衰記**』は、読まれることによって広まった軍記物語として

知られます。この他、1156年の保元の乱をテーマとした『保元物語』や1159年に起きた平治の乱を扱った『平治物語』などもつくられました。

文学では、出家者たちの手になる隠者文学が生まれました。吉田兼好のエッセーである『徒然草』や鴨長明のエッセー『方丈記』はそうした代表的作品です。また、西行の和歌集である『山家集』も有名です。

藤原摂関家の出身で、天台宗の最高位である天台座主にもなった慈円は道理と末法思想を基盤に『愚管抄』を著し、彼の兄で関白にもなった九条兼実は日記『玉葉』を残しました。この兄弟は名門貴族の出身でありながら、鎌倉幕府を支持したことでも知られます。

歴史書では、幕府の記録を日記体で記した『吾妻鏡』や、虎関師錬の『元亨釈書』があります。

和歌集では、後鳥羽上皇の命をうけて藤原定家らがまとめた勅撰和歌集の『新古今和歌集』や源実朝の『金槐和歌集』などが生まれました。

儀式や典礼の研究を行う学問である有識故実も公家たちによって始められ、順徳天皇は有識故実書の『禁秘抄』を著しました。こうした公家たちによる有識故実の研究の背景としては、それまで政権を握っていた公家たちが武士によってとってかわられ、有識故実が唯一の存在価値を示

す場であったという点も見逃せません。

また、教育面では、北条実時が武蔵国金沢にあった称名寺に私設図書館である**金沢文庫**を開き、武士たちの教育の向上に貢献しました。公家に比べて無教養とみなされていた武士にとって、金沢文庫の存在は、啓蒙の場として大きな役割を担いました。

さらに、宋の朱熹が大成した**朱子学 (宋学)** も伝えられ、のちに討幕運動の大きなよりどころにもなりました。

鎌倉時代の建築・工芸・美術

■鎌倉建築の特徴とは

源頼朝は、源平の争乱で焼き討ちにあった南都 (奈良) の諸寺の再興を行いました。そのもとで東大寺の再興につくしたのが**重源**です。重源は焼き討ちされた東大寺の再建のため造東大寺大勧進職につき、諸国をまわって勧進につとめました。そして、宋の工人の陳和卿を招いて東大寺南大門などを再建し、大仏の修理も行わせました。

建築様式では、大陸から伝来した**大仏様 (天竺様)** と**禅宗様 (唐様)** があります。大仏様は、南宋の寺院建築をもとにしていて、代表例である東大寺南大門にみられるよう

に豪放で力強さを特徴にしています。禅宗様はおもに禅宗の寺院に用いられ、細かい材木をたくみに使い整然とした美しさをもつのが特徴で、**円覚寺舎利殿**や和歌山県の**禅福院釈迦堂**などが知られます。

また、宋から輸入した建築様式に対して、**和様**や**折衷様**といった様式も使われました。和様は、平安時代からの日本的な様式をうけついだ様式で、**石山寺多宝塔**、**興福寺北円堂**、**蓮華王院本堂**などが代表的です。とくに、蓮華王院本堂は**三十三間堂**ともよばれ、1001体の**千手観音像**と**二十八部衆像**とを安置していることや、通し矢で知られます。折衷様は和様に大仏様や禅宗様をとり入れた様式で、**観心寺金堂**などが知られています。

■数々の傑作を生んだ鎌倉文化

絵画では、平安時代に成立した絵巻物が全盛をむかえ、『**蒙古襲来絵巻**』、『**一遍上人絵伝**』、『**春日権現験記**』などの傑作がつくられました。肖像画である似絵の分野では、藤原隆信・父子が現れ、隆信は『**源頼朝像**』や『**平重盛像**』を描きました。このうち、『源頼朝像』については、現在、源頼朝を描いたものではないともいわれていますが、作品自体の価値をそこなうものではないことはいうまでもありません。子の信実の作品としては、『**後鳥羽上皇像**』が知

られます。また、禅宗の僧侶の肖像画で弟子に与える頂像も描かれるようになりました。

彫刻をみると、諸寺の再建にともない、そこに安置するために多くの仏像彫刻がつくられました。奈良仏師の**運慶・湛慶父子**や**快慶**らが**東大寺南大門金剛力士像・東大寺僧形八幡神像**や**興福寺無著・世親像**などをつくって活躍しました。

書道では、三蹟の1人として知られた藤原行成の流派である**世尊寺流**が主流でしたが、鎌倉時代に入って宋や元の書風がもたらされ、**尊円入道親王**によって**青蓮院流**が生みだされました。

工芸の分野では、武士の台頭とともに刀剣や甲冑の需要が高まりました。陶芸も発展し、各地に**備前焼・信楽焼・越前焼**といった陶器が生産されるようになりました。なかでも**加藤景正**は道元と同じ船で入宋して大陸の陶芸技術を学び、帰国して瀬戸（尾張）に窯を開き、**瀬戸焼**の祖になりました。

室町時代の仏教はどう展開したか

■幕府の保護を受けて発展した禅宗

室町時代の文化は南北朝期の文化、3代将軍足利義満の

時代を中心とする北山文化、8代将軍足利義政の時代を中心とする東山文化に大きく分類することができます。公家の文化に加え、武士や民衆の文化の影響がみられ、これに禅宗の要素がとけこむという特徴をもっています。

室町幕府を開いた足利尊氏は、臨済宗の夢窓疎石に深く帰依し、京都に天竜寺をつくり、国ごと南北朝の動乱での戦没者をとむらうために安国寺・利生塔を建立しました。臨済宗は以来、室町幕府の保護を受けて発展していきました。

3代将軍足利義満の時代には、宋の官寺の制をとり入れた五山・十刹の制が確立し、寺院統制のための僧録司がおかれ、その長官である初代僧録には相国寺の春屋妙葩が任命されました。その他にも義堂周信や絶海中津といった五山僧が活躍をみせ、その活動は文学(五山文学)や出版事業(五山版)にも及びました。

幕府の保護を受けた五山派に対して、民間に布教しようとつとめた林下もあり、臨済宗の大徳寺や妙心寺、曹洞宗の永平寺、総持寺(能登)がその代表として知られます。

■その他の宗教の動き

室町時代の浄土宗は東国への布教をめざしました。一向宗は、南北朝に覚如がでて基盤をつくり、のちに蓮如が越

前に吉崎道場をつくって北陸へ布教しました。蓮如は惣(村)を対象に門徒(信者)を獲得し、門徒の団体である講を組織して、講を単位として御文を用いて念仏を唱えることを説きました。

こうした一向宗の布教は成功し、加賀の一向一揆などの一向一揆を各地に引きおこすまでに勢力を拡大しました。そして、**顕如**のときには、織田信長を相手に石山戦争を引きおこすまでにいたりました。

日蓮宗は、京都の町衆に広まり、勢力をもちました。鍋冠り上人の異名をとった**日親**は、6代将軍足利義教に『**立正治国論**』を献上して日蓮宗への帰依を強く説いたため、かえって焼鍋の拷問にあいました。日蓮宗の布教は、一方で他宗を激しく批判するものであり、1532年には一向宗の拠点であった山科本願寺を焼き討ちにしたりしました(**法華一揆**)。

この事件のため一向宗の証如は、門徒をひきつれ大坂の石山本願寺に移り、以後、一向宗は石山本願寺を拠点に布教を続けました。しかし、他宗を激しく誹謗する日蓮宗に対する反発は当然のことながら強く、1536年には延暦寺の僧兵らが京都に押し寄せ、21カ所の日蓮宗寺院を焼き討ちにするという**天文法華の乱**が起こりました。

室町時代の建築・工芸・美術

■室町建築の特徴とは

　建築では、3代将軍足利義満が北山につくった**鹿苑寺金閣**と8代将軍足利義政が東山につくった**慈照寺銀閣**が代表的です。金閣は、**寝殿造**に唐様、銀閣は**書院造**に唐様という様式で構成されています。書院造は近代和風建築の源流で、寝殿造を簡素化して禅宗の要素を加えたものです。

　禅宗の寺院には、禅の精神をいかした庭がつくられ、とくに水を使わずに岩や砂を組み合わせて山水自然の生命を表わす**枯山水**が生まれました。1513年ころにつくられた**大徳寺大仙院庭園**や石組みが有名な**西芳寺(苔寺)庭園**、夢窓疎石が作庭した**天竜寺庭園**、足利義政に「天下第一」とたたえられた善阿弥が作庭した**慈照寺庭園**など多くの名園がありますが、中でも細長い平庭に白砂を敷き、大小15個の石を配置した虎の子渡しとよばれる**竜安寺石庭**は有名です。これらの枯山水の作庭にあたったのは善阿弥に代表されるような山水河原者とよばれる賤民身分の人たちでした。

■水墨画、能面彫刻──室町時代の絵画、彫刻

絵画では、宋・元画の影響をうけた水墨画が発達しました。南北朝期に可翁・黙庵がでて、さらに、北山文化期には明兆・如拙・周文といった名人が出現しました。如拙は、禅の公案を題材にとり『瓢鮎図』を描きました。

東山文化期には、周文の弟子に雪舟がでて、大陸の模倣を脱して日本的な水墨画を大成し、『山水長巻』や『天橋立図』などを残しました。

大和絵では、狩野正信・元信父子が水墨画の技法をとり入れた狩野派をおこしました。土佐派でも土佐光信が朝廷の絵所預や室町幕府の絵師となり、公家にも武士にも好まれる画風を確立しました。覚如の一代記を描いた絵巻物である『慕帰絵詞』は土佐派の作品です。

彫刻では、鎌倉時代に隆盛した仏像彫刻にかわって能面彫刻が流行しました。金工では後藤祐乗が足利義政に仕え名を残しました。蒔絵の技術も発達し、東山文化期には高蒔絵の技法が完成しました。

■観阿弥と世阿弥の登場

従来の猿楽に田楽の要素を加えたものが能であり、興福寺(藤原氏の氏寺)、春日大社(藤原氏の氏神)を本所として、観世・宝生・金春・金剛の大和四座が成立しました。

とくに、観世座から出た観阿弥・世阿弥父子は足利義満の保護をうけ、能の脚本である謡曲を多数残すなどして能を大成しました。さらに、世阿弥は、芸術の理論書である『風姿花伝』(『花伝書』)や『申楽談儀』『花鏡』を著し、幽玄ということを主張しました。世阿弥の能は、女婿で金春座の金春禅竹にうけつがれました。

能の幕間に演じられる狂言は、日常会話を用いた民衆の側に立つ強い風刺性の喜劇として人びとにうけ入れられ、盛んになりました。

幸若舞や古浄瑠璃、小歌も民衆に好まれ、小歌集の『閑吟集』が編まれました。

また、一遍や空也から始まった念仏踊りや華やかな飾り物をつけて踊る風流も各地で行われました。この念仏踊りと風流とが結びついたのが盆踊りです。

京都では、町衆たちが祇園社(八坂神社)の厄除け祭礼である祇園会を行い、鉾立ての山車である山鉾がくり出されました。

■茶道と花道

南北朝期には、飲んだ茶の産地を当てる闘茶や茶寄合(茶会)が盛んになりました。村田珠光は一休宗純のもとで坐禅にはげみ、茶に禅の精神をとり入れた侘び茶を創始し

ました。侘び茶はその後、堺の武野紹鷗にうけつがれ、桃山文化期にでた千利休によって大成されました。

侘び茶をたしなむ茶室や書院造の床の間の出現で、そこに花を飾る生け花が始まりました。生け花の源流は、仏前に花を供える供花で、それが発展して花そのものの美しさを観賞する立花が生み出されました。京都六角堂（頂法寺）の僧であった池坊専慶は立花の名手として知られ、さらに戦国時代に池坊専応、江戸初期に池坊専好がでて発展し、現代の華道のもとが築かれました。

室町時代の文芸・学問

南北朝の動乱を背景に、互いに正統性を主張する必要性から多くの歴史書や軍記物語がつくられました。公家の立場から歴史をみたものとしては、四鏡の最後をかざる『増鏡』がまとめられ、軍記物語では南朝の立場にたった『太平記』と北朝の側にたった『梅松論』とがつくられました。

度会家行の伊勢神道の影響をうけた北畠親房は、『神皇正統記』を後村上天皇へ献上して南朝の正統性を展開しました。京都では、吉田兼倶が反本地垂迹説の立場から

唯一神道を大成しました。

　学問では、政治的な実権を失った公家を中心に儀式を研究する有識故実が発展しました。室町時代を代表する学者の**一条兼良**は、『源氏物語』の注釈書である『**花鳥余情**』を著しました。また、日野富子の要請で9代将軍足利義尚のための政治意見書として『**樵談治要**』を書きました。外交書では、瑞渓周鳳が『**善隣国宝記**』を著し、日明貿易における足利義満の外交方針を批判しました。

　民衆の文芸では、和歌と同じ31文字を上の句と下の句に分けてつくる連歌があげられます。民衆の文芸として発展した連歌を芸術的に高めたのが宗祇であり、正風連歌を確立し、勅撰連歌集である『**新撰菟玖波集**』を編みました。

　民衆の物語としては、御伽草子が流行し、『**一寸法師**』、『**浦島太郎**』、『**物ぐさ太郎**』などが人びとに好まれました。教育への関心も高まり、『**庭訓往来**』や『**実語教**』、『**童子教**』、『**貞永式目**』などが教科書として用いられました。

　また、辞書の『**節用集**』も刊行されました。こうした状況のもと、地方にも教育が波及していきました。桂庵玄樹は肥後・薩摩で儒学を教えて**薩南学派**の祖となり、南村梅軒は土佐で教えを広め**南学**の祖となりました。関東では、上杉憲実が**足利学校**を再興し、「板東の大学」とよばれました。

3 近世日本の文化

対極にあるふたつの要素をあわせもつ桃山文化

■「豪華さ」と「侘び」と

　織田信長、豊臣秀吉の時代を安土・桃山時代といい、この時期の文化を**桃山文化**といいます。権力者や豪商たちが好む豪華さと、その対極にある茶の湯の侘びや南蛮文化の影響が特徴です。

　大坂城・伏見城・聚楽第などの城郭建築は豪華さの象徴であり、内部には濃絵による障壁画を**狩野永徳・山楽**らが描き、欄間彫刻もほどこされました。その一方で、**海北友松**や**長谷川等伯**らが水墨画の作品を残しました。

　この頃宣教師たちは、さまざまなヨーロッパ文化をもたらしました。ヴァリニャーニによって金属製の活字印刷術が伝えられ、教理問答書である『どちりな・きりしたん』、教訓書の『ぎゃ・ど・ぺがどる』、『平家物語』や『伊曽保物語』、『日葡辞書』などのキリシタン版（天草版）が刊行

されました。活字印刷では朝鮮出兵によって木活字の印刷術も伝えられ、後陽成天皇の命で慶長版本が出されました。

■民衆的要素の強かった桃山文化

　桃山文化は民衆的要素も多く、侘び茶を大成した千利休は堺の豪商の出身で豊臣秀吉に仕えました。1587年に秀吉が開いた北野大茶会には民衆の参加も認められています。

　また、琉球から伝わった蛇皮線から**三味線**が生まれ、これを伴奏にして語る浄瑠璃と操り人形が結びついた**人形浄瑠璃**が人気となりました。

　ファッションでは、小袖が普及し、男女とも結髪をするようになり、食事は1日に2回から3回へふえました。京都などの都市では2階建て瓦屋根の住居が増加しました。

　芸能では、17世紀初めに京都で**出雲阿国**が**阿国歌舞伎**を初め、女性が踊る女歌舞伎に発展しました。

江戸時代前期に花開いたふたつの文化

■寛永期の文化の実像

　江戸時代初期の寛永期前後には、桃山文化を継承しつつ、元禄文化の先駆となる文化が生まれました。

絵画では、狩野探幽が幕府の御用絵師となり、俵屋宗達は「風神雷神図屛風」を残し尾形光琳（琳派）の先駆となりました。陶芸では、豊臣秀吉の朝鮮出兵のさい、朝鮮の陶工が日本に連行され、有田焼をはじめ萩焼、薩摩焼などのお国焼がおこりました。

■元禄文化の実像

　元禄文化は、上方を中心とする豪商の文化です。まず、学問に目をやると、藤原惺窩を祖とする京学や垂加神道を説いた山崎闇斎の南学などの朱子学が、大義名分を説いて支配者層に保護されました。一方、考えと行動の一体化を主張し知行合一を説いた陽明学では、中江藤樹・熊沢蕃山、古学では山鹿素行、京都の堀川に古義堂を開いた伊藤仁斎・東涯父子（堀川学派・古義学派）、江戸に蘐園塾を開いた荻生徂徠（蘐園学派・古文辞学派）らがいます。歴史学の分野では、歴史は14回変わって（九変五変）、徳川の時代にいたるという独自の歴史観を『読史余論』で展開した新井白石がいます。

　文芸では、江戸時代初期の仮名草子が浮世草子となり、井原西鶴が『好色一代男』（好色物）・『日本永代蔵』（町人物）・『武家義理物語』（武家物）などを著しました。俳諧では、松永貞徳の貞門派や西山宗因の談林派に対して、松尾

芭蕉がさび・しおり・かるみを説いて蕉風(正風)を確立しました。また、近松門左衛門は竹本義太夫(義太夫節)のために『曽根崎心中』『心中天網島』(世話物)や『国性爺合戦』(時代物)などの人形浄瑠璃の脚本を書きました。

芸能の分野では、阿国歌舞伎の系統が女歌舞伎そして若衆歌舞伎さらに野郎歌舞伎へと発達しました。

美術では、菱川師宣が浮世絵版画を創始しました。大和絵では、土佐光起や住吉如慶・具慶父子が知られます。

町人が主役となった文化——化政文化

18世紀末から19世紀初めにかけての文化・文政(化政)期には、江戸を中心に町人を主役とした化政文化が花ひらきました。

学問では、国学が荷田春満から賀茂真淵へとうけ継がれ、本居宣長がこれを大成しました。さらに、宣長没後の門人の平田篤胤は復古神道を確立しました。塙保己一は和学講談所をつくり、『群書類従』を刊行しました。洋学も徳川吉宗の漢訳洋書の輸入制限緩和をうけて蘭学が発達し、幕府も天文方に蛮書和解御用を設置しました。前野良沢・杉田玄白らは、『ターヘル・アナトミア』を翻訳し

て『解体新書』を出しました。このときの苦心は杉田玄白の『蘭学事始』にしるされています。蘭学塾では**シーボルト**の鳴滝塾や緒方洪庵の適塾（適々斎塾）などが有名です。民衆教育のための寺子屋も増加し、**石田梅岩**が心学を説きました。民間の塾としては萩で**吉田松陰**が教えを説いた松下村塾が知られます。

小説では、遊里を舞台とした洒落本、絵入りの成人小説の黄表紙、会話を中心とした滑稽本、恋愛小説の人情本、勧善懲悪を説いた読本などが流行しました。俳諧では**与謝蕪村**や**小林一茶**が出て独自の世界をつくりあげました。また、風刺文学の川柳（5・7・5形式）や狂歌（5・7・5・7・7形式）も生まれました。

浮世絵は、**鈴木春信**によって多色刷の錦絵が創始され、民衆の芸術となりもてはやされました。美人画の**喜多川歌麿**・役者絵の**東洲斎写楽**らが大首絵の手法で人気を得ました。風景画を得意とする**歌川（安藤）広重**や**葛飾北斎**も出現しました。

歌川広重『江戸近郊八景之内（玉川秋月）』

写生画では、円山応挙が円山派を、松村月渓が四条派をそれぞれ開きました。文人画では池大雅と与謝蕪村が合作で「十便十宜図」を

司馬江漢『三囲景』

描き、谷文晁と弟子の渡辺崋山らも活躍しました。エレキテルや石綿の発明など多方面に才能を見せた平賀源内は西洋画を描き、司馬江漢は「不忍池図」などの銅版画の作品を残しました。

　幕府の支配力が低下した化政期には安藤昌益らによる反封建的な思想が出現しました。宝暦事件をひきおこした竹内式部や明和事件で死罪となった山県大弐は尊王論を説きました。水戸藩を中心とする水戸学や復古神道にも尊王論の要素がみられます。

　民衆の間には、現在の宝くじにあたる富突（富くじ）や縁日が開かれました。特別な仏像などを公開する開帳・庚申講・日の出を待って拝む日待・月の出を拝む月待が各地で行われ、ほぼ60年ごとに伊勢神宮へ集団参詣する御蔭参りもみられるようになりました。

4　近現代の日本の文化

明治時代に登場した新しい思想

■啓蒙思想、国家主義、社会主義

明治初期には、文明開化の風潮が広まりました。その影響で、啓蒙思想がとなえられ、**福沢諭吉**の『**学問のすゝめ**』、『**西洋事情**』、**中村正直**の『**西国立志編**』(スマイルズ『自助論』の訳)、『**自由之理**』(ミル『自由論』の訳) などが読まれました。

1873年には、**森有礼・福沢諭吉・中村正直・加藤弘之・西周**らによって**明六社**が結成され、翌年から『**明六雑誌**』が発刊されました。

フランス流の天賦人権論も紹介され、ルソーの『**民約論**』を訳した**中江兆民**の『**民約訳解**』や**植木枝盛**の『**民権自由論**』が著されました。

加藤弘之も天賦人権論を説いたが、ダーウィンの進化論の影響をうけて国家主義へかわり『**人権新説**』を著しました。

明治中期以降は国権論が台頭し、**政教社**の国粋主義などの国家主義が強まり、後期には社会主義も現れました。

■宗教に対する政府のスタンス

　明治政府は、神道の国教化をめざし1868年、**神仏分離令**を出したので、**廃仏毀釈**運動がおこりました。仏教界からは、**島地黙雷**のように信教の自由を説くものも現れました。

　政府は、1870年に**大教宣布の詔**を出し、1872年、大教院を設置して教導職を任命しました。**神社(国家)神道**を保護し、全国の神社を**官社(官幣社・国幣社)**と**諸社**に分ける神社制度を定めました。

　また、2月11日を神武天皇即位日として紀元節とし、天皇誕生日を**天長節**とするなど祝祭日を制定して天皇制の確立をめざしました。

　神社神道のほかに中山みきが始めた**天理教**、川手文治郎の**金光教**、黒住宗忠の**黒住教**などの教派神道も保護されました。

　キリスト教は、**五榜の掲示**で禁じられたが、**浦上教徒弾圧事件**に対して列国が抗議し、1873年に黙認されるようになりました。

明治時代の教育は何を目指したか

■国家統制の強化へむかう

1871年に政府は文部省を設立し、翌年、フランスの学区制をとり入れて国民皆学をめざす学制を公布しました。しかし、画一的であったため国民の間から学制反対一揆がおこりました。

そこで政府は、1879年、アメリカの制度にならった自由的・地方分権的な教育令に改めました。しかし、しだいに国家統制が強化されるようになりました。

1886年、初代文相**森有礼**が国家主義的な学校令(帝国大学令・師範学校令・中学校令・小学校令)を公布しました。帝国大学令では、1877年に設立された東京大学が帝国大学と改称され、小学校令では義務教育が尋常小学校4年間とされました。

1890年には**井上 毅**と儒学者の**元田永孚**の起草による教育に関する**勅語**(**教育勅語**)が発布され、忠君愛国の思想が強調されました。1891年、教育勅語への拝礼を拒否した内村鑑三が、第一高等中学校の教員をやめさせられるという事件も起こりました(**教育勅語不敬事件**)。

1930年には国定教科書制度が定められ、小学校の教科書

が検定から国定にかわりました。1907年、男女の就学率が100％に近づいたのにともなって、小学校令改正で義務教育が6年に延長され、質の向上がはかられました。

■民間教育のひろまり

 民間でも**福沢諭吉**が開いた**慶應義塾**や**新島 襄**の同志社など私立学校もつくられ、教育の普及がなされました。

 1882年、**大隈重信**が**東京専門学校**を創立し、1900年、**津田梅子**が**女子英学塾**を設立しました。

 ほかにも**成瀬仁蔵**の**日本女子大学**、**岸本辰雄**らの**明治法律学校**、**山田顕義**の**日本法律学校**などが設立されました。政府は、1903年に専門学校令を公布して、高等教育機関としての専門学校の制度化を実施し私立大学を認めました。

どのような文学・芸術が生まれたか

■明治時代の文学の動き

 明治10年代の初めに読本・黄表紙・滑稽本など江戸時代の文学の系統をひく戯作文学が復活し、**仮名垣魯文**が『**安愚楽鍋**』を書きました。また、自由民権運動を背景に政治小説が生まれ、**矢野竜渓・東海散士**が活躍しました。

明治20年前後には写実主義が流行し、坪内逍遙や言文一致体を実践した二葉亭四迷、硯友社の尾崎紅葉・山田美妙らがでました。この時代には幸田露伴の理想主義もみられます。

　日清戦争前後にはロマン主義が盛んになり、日露戦争の前後には自然主義や反自然主義の余裕派などができました。新聞も発達し、1870年に初の日刊紙である横浜毎日新聞が発刊されました。

■明治時代の芸術と芸能の動き
　明治期の歌舞伎は9代目市川団十郎・5代目尾上菊五郎・初代市川左団次の名優がでて団菊左時代をむかえました。脚本家では河竹黙阿弥が散切物を書き、史実を重視する活歴が流行しました。

　自由党壮士らによる壮士芝居では、川上音二郎がオッペケペー節で有名になり、新派劇へとうけつがれました。

　新劇も流入し1906年、坪内逍遙・島村抱月が文芸協会をつくり、1909年には小山内薫・2代目市川左団次によって自由劇場が結成されました。

　また、東京音楽学校ができ、伊沢修二が初代校長となり、滝廉太郎が「荒城の月」を作曲し、唱歌が音楽教育に採用されました。

フェノロサや岡倉天心の尽力で日本画が再評価され、狩野芳崖や橋本雅邦らが活躍しました。

1887年に**東京芸術学校**、1898年に**日本美術院**がつくられました。

西洋画では、工部美術学校でフォンタネージが指導にあたりました。また、この頃、日本で最初の洋画団体である明治美術会が結成されています。フランス留学から帰った**黒田清輝**は、**白馬会**を結成、印象派の明るい色彩をとり入れ、外光派とよばれました。

建築では、**コンドル**が鹿鳴館・ニコライ堂、**辰野金吾**が日本銀行本店・東京駅、片山東熊が赤坂離宮を設計しました。

大正時代の文化とはどのようなものだったか

■大正時代の思想と学問の動き

大正期から昭和初期には大衆文化が花開きました。この背景には、**吉野作造**の**民本主義**と**美濃部達吉**の**天皇機関説**があります。

吉野作造は、福田徳三らと黎明会をつくり、下部組織として東大生を中心とする新人会を結成しました。

経済学では、『貧乏物語』を著した河上肇がマルクス主義を研究し、石橋湛山は東洋経済新報の記者として小日本主義をときました。
　哲学では、西田幾多郎が『善の研究』をまとめ、歴史学では津田左右吉が『古事記』『日本書紀』の資料批判をしました。柳田国男は常民を研究対象とする民俗学の分野を開拓しました。

■総合雑誌の成長とラジオ放送のはじまり
　新聞の発行部数がのび、『サンデー毎日』や『週刊朝日』などの週刊誌や『改造』『中央公論』などの総合雑誌が急成長しました。
　関東大震災後の出版不況を打開するため、1冊1円の円本や低価格の岩波文庫も創刊されました。
　1925年にはラジオ放送も始まり、活動写真は、1931年にトーキーになりました。文化住宅が流行し、職業婦人・モガ（モダンガール）など女性の社会進出も始まりました。

■大正時代の芸術と芸能の動き
　文学では人道主義の白樺派、芥川龍之介の新思潮派、川端康成らの新感覚派が出て、永井荷風や谷崎潤一郎らの耽美派や小林多喜二らのプロレタリア文学も現れまし

た。中里介山らの大衆文学も人気を得て、大衆雑誌『キング』は100万部をこえました。

美術では、横山大観らが日本美術院を再興し、洋画では梅原龍三郎らの二科会、岸田劉生らの春陽会が台頭しました。また、竹久夢二は独特の美人画で人気を得ました。

彫刻では、『手』の高村光太郎、『墓守』の朝倉文夫がでました。

演劇では小山内薫と土方与志の築地小劇場、島村抱月・松井須磨子の芸術座ができ新劇が広まりました。

現代の文化とはどのようなものか

■戦後日本の学問の発展

戦後、皇国史観が排除され、上原専禄・石母田正・大塚久雄・丸山真男らの研究があいついで発表されました。

1956年からは南極観測が始まり、1963年には東海村の原子力研究所で初の原子力発電に成功、1970年には日本万国博覧会が開かれました。1970年は初の国産人工衛星「おおすみ」が打ち上げられた年でもあります。

また、1950年には文化財保護法ができ、1968年には、文化庁が設立されました。

ノーベル賞の初の受賞は1949年、**湯川秀樹**(ゆかわひでき)が中間子理論によってうけた物理学賞で敗戦後の国民に日本人としての勇気を与えました。その後、日本人の受賞者は年々、増え2018年の生理学・医学賞の本庶佑までで24人となっています。

■マスコミと交通の発達

　1951年にはラジオの民間放送、1953年からはNHKのテレビ放送も開始されました。

　交通では、1964年の東京オリンピックにあわせて東京と新大阪の間に東海道新幹線が開業しました。その後、1975年に山陽新幹線、1982年に東北・上越新幹線がそれぞれ開通しました。

　高速道路も1965年の名神高速道路を初めとして、全国に整備・開発され現在にいたっています。2016年段階では、その総延長は9000kmを越えています。しかしその一方、高速道路の老朽化が問題化しており、2020年には2度目の東京オリンピックもあり、対策に迫られてもいます。

青春文庫

4つのテーマで読み直す日本史の顛末

政治・経済・外交・文化

2018年11月20日　第1刷

著　者　瀧音能之（たきおとよしゆき）
発行者　小澤源太郎
責任編集　株式会社プライム涌光
発行所　株式会社青春出版社

〒162-0056　東京都新宿区若松町 12-1
電話 03-3203-2850（編集部）
　　 03-3207-1916（営業部）
振替番号　00190-7-98602

印刷／中央精版印刷
製本／フォーネット社
ISBN 978-4-413-09709-3
©Yoshiyuki Takioto 2018 Printed in Japan

万一、落丁、乱丁がありました節は、お取りかえします。

本書の内容の一部あるいは全部を無断で複写（コピー）することは著作権法上認められている場合を除き、禁じられています。

ほんとうのあなたに出逢う　青春文庫

クラシック音楽
一曲も聴いたことのない人のための超「入門書」

中川右介

"深み"のある人生には、いつもクラシックがある。その歴史、アプローチの方法…「全体像」がスッキリわかる本。

(SE-704)

肩甲骨リセットで「背中」と「おしり」が面白いほどやせる!

長坂靖子

肩甲骨を正しくほぐすと、背中のムダ肉、ブラのはみ肉、でか尻、もう悩まない。表情豊かなバックスタイルに!

(SE-705)

できる大人の教養 1秒で読む漢字

話題の達人倶楽部[編]

見ているだけで、知識と語彙力が身につく! つい試したくなる2500項。

(SE-706)

人間の悩み、あの神様はどう答えるか

沖田瑞穂

日本でもおなじみの神様から、ギリシャ神話やインド神話など世界中の神様、総勢50の神様が神話を元にアドバイス。

(SE-707)